## はじめに

こんにちは。イタリアンレストラン「リストランテ アクアパッツァ」の日髙良実です。日本でもイタリア料理をカジュアルに作ってもらいたいといつも思っています。

この本には日本でもおなじみの定番料理からイタリア各地の郷土料理、また、最近はまっている日本の乾物や缶詰を利用したアレンジ料理など、自由な発想で編み出したレシピが載っています。イタリア料理は家庭料理です。肩の力を抜いて、チャレンジしてみてくださいね。

レシピはあくまで目安です。食材も大きさだけでなく、季節や産地によっても状態が違います。水分や塩分、加熱時間など、微妙に差があるので、作りながら、様子を見て、ときどき味見して、調節してください。

自分で作ってみたものの、「これは正解なんだろうか」と気になったら、お店でプロの料理を味わってみるのも手です。自分の舌でおぼえた味は、なかなか忘れません。「塩分が足りないな」とか「オリーブオイルが多かった」など、違いに気づくきっかけになります。味の体験は重要です。

そうそう、料理は段取りも大切です。パスタがゆで上がったのに、ソースができていなかったら、麺がのびて、せっかくの料理が台無しです。コロナ禍の最中に、自宅でイタリア料理を楽しんでもらいたいと、YouTubeを始めたのですが、料理初心者の人たちから「作り方を動画で繰り返し見られるので、うまく作れた」と言われてとてもうれしかったです。

みなさんに、「おいしく作るコツはなんですか?」とよく聞かれます。答えは「何度も作ってみる」こと。失敗を恐れずに、作って食べて、自分にとってのbuono! な味を見つけてください。

# Contents

はじめに      2

## I SECONDO PIATTO メインディッシュ

野菜たっぷりアクアパッツァ     14

イワシのオレガノ風白ワイン煮     16

エビの塩ハーブ焼き     18

エビとタマネギのピリ辛
トマト煮 カラブリア風     20

アジフライ イタリアンソース     22

イタリア風サーモンカツレツ     24

サケのグラタン風
香草マスタード焼き     26

牛肉のピッツァイオーラ     28

鶏肉のローマ風煮込み     30

鶏もも肉のソテー
白ワインビネガー風味     32

鶏胸肉のトンナートソース     34

鶏肉と白菜のミルク煮     36

ポークカツレツ ボローニャ風     38

ポルケッタ（豚肉とジャガイモのロースト）39

豚肉のリエット     40

豚肉のとろろ昆布巻きピカタ     41

## II PRIMO PIATTO PASTA, RISOTTO, GNOCCHI
パスタ、リゾット、ニョッキ

ペペロンチーノ     44

カルボナーラ（ご家庭バージョン）     48

サバ缶とキノコのトマトパスタ     54

アサリとトマトと菜の花のパスタ 56

春野菜のスパゲティ     58

大葉のジェノベーゼスパゲティ     60

焼きナスとミョウガの冷製パスタ 62

ガスパチョとアジの冷製パスタ     64

ピッツォッケリ
（そばを使った北イタリア風冬のパスタ）66

スパゲティグラタン
ワサビ風味     68

オムナポリタン     72

アランチーニ・ディ・リーゾ
（イタリア風ライスコロッケ）     73

夏野菜のボイルリゾット     74

パンツァネッラ
（パンと野菜のサラダトスカーナ風）     76

パッパ・アル・ポモドーロ
（パンのトマトがゆ）     78

ローマ風クロスティーニ     80

日髙さんがイタリアで教わった
とても軽く仕立てた
ジャガイモのニョッキ     82

# III ANTIPASTO, ZUPPA 前菜、スープ

| | |
|---|---|
| 魚のカルパッチョ | 92 |
| フリッコ | 96 |
| ポルペッティのスープ | 98 |
| アクアコッタ | 100 |
| カポナータ シチリア風 | 101 |

| | |
|---|---|
| 豆腐とズッキーニの パルミジャーナ | 102 |
| 鶏ゴボウとトマトのチーズ鍋 | 103 |
| 大豆と鶏ささみのスープ | 104 |
| ナメコとトマトの卵スープ | 105 |

# IV PIATTO DELLA CASA DI CHEF HIDAKA
## 日高シェフのおうちごはん

| | |
|---|---|
| 手羽中のグリル モッツァレラチーズのピカタ | 108 |
| 切り干しダイコンとツナの ユズマヨあえ | 110 |
| サバ缶でお手軽サンドイッチ | 112 |
| モッツァレラ・イン・カロッツァ （チーズとアンチョビのホットサンド） | 114 |
| モッツァレラチーズ入り 牛丼風卵とじ | 115 |

| | |
|---|---|
| スープカレー風 チキンハンバーグ | 116 |
| 鶏とマッシュルームの さっぱりトマトカレー | 118 |
| ナスとソーセージのソテー オレガノ風味 | 119 |
| 玄米と納豆の ヨーグルトサラダ丼 | 120 |

# V DOLCE ドルチェ

| | |
|---|---|
| ティラミス | 124 |
| おばあちゃんの チョコレートケーキ | 126 |

| | |
|---|---|
| お手軽リンゴソテー | 127 |

## 料理をする前に

* 計量の単位は小さじ1=5cc、大さじ1=15cc、1カップ= 200ccです。
* オリーブオイルを生で使う場合はエクストラ・ヴァージン・オリーブオイルをおすすめします。
* パルミジャーノはパルミジャーノ・レッジャーノの略。説明がないかぎり、すりおろした粉状のものです。
* ニンニクの1かけは大小あるので、平均的な大きさを1かけとしています。
* 塩はさらさらした焼き塩タイプがおすすめ。
* ブイヨンは市販のキューブや顆粒を湯で溶かしたものでもよいです。
* 揚げ油はなたね油、ひまわり油、紅花油、サラダ油など植物油をお好みで。

* バターは食塩不使用のもの、生クリームは乳脂肪分40％前後のものをお使いください。
* 温かい料理を盛る器は直前に湯で温めておくとよいです。
* 野菜の「洗う」「皮をむく」や魚の「洗う」などの下処理の記述は基本的に省略しています。
* 材料表の「適量」はその人にとってちょうどいい量のことです。
* 電子レンジの加熱時間は600Wを目安としています。500Wの場合は1.2倍に、700Wの場合は0.8倍を目安に加熱してください。
* 電子レンジ、オーブン、トースターで加熱する時間はメーカーや機種によっても異なりますので、様子を見て加減してください。コンロ（ガス、IH）なども同様です。加熱する際は付属の説明書の使い方を守ってください。

# I

## SECONDO PIATTO
メインディッシュ

## 材料（4人分）

マダイ……大1匹（約1kg、正味約500～600g）
アサリ…………………………………大8個
ミニトマト………………………………8個
ブロッコリー…………………………½房
サトイモ………………………………中3個
ミニチンゲンサイ……………………4株
黒オリーブ……………………………12粒
ケッパー（酢漬け）…………………大さじ1
オリーブ油……………………70～80cc
塩…………小さじ2（※魚の重さの1.2%が目安）

## 作り方

1 マダイの下処理をする。ウロコと内臓、エラを取って洗う。身の厚いところに切り込みを入れ、全体に（おなかの中にも）塩をふって10分以上おく。

2 ブロッコリー、皮をむいたサトイモは食べやすく切り、ミニチンゲンサイとともに下ゆでする。

3 熱したフライパンにオリーブ油（分量外）をひき、1の水分をふき取って、盛りつけたときに表になるほうを下にして入れる。火の通りにくい部分はフライ返しで魚の片側を持ち上げるなどして、全体的にこんがり香ばしい焼き色がつくよう中弱火でじっくり焼く。裏返して同様に焼く。ここでは火は中まで通っていなくてもOK。

4 フライパンの中の焦げた余分な油をキッチンペーパーでふき取る。魚の半分がつかる程度の量の水を加え、強火で煮る。ずっと強火で沸騰状態を保ち、沸いた煮汁をレードルですくって繰り返し魚にかけながら火を通す（写真**1**）。アクは取り除く。煮詰まって水が減ったら足す。

5 アサリと黒オリーブ、ケッパーを加えて適量の水をさらに足し、煮汁を繰り返しかける。アサリの口が開いたらミニトマトと2を加え、2～3分程度煮る（写真**2**）。

6 沸騰させた状態のままオリーブ油を回しかけ、煮汁がとろっとして白っぽくなるまで繰り返し魚に煮汁をかける。

7 あればイタリアンパセリ（材料外）をちぎって加える。

## ぼくの原点の料理

　アクアパッツァは海水とオリーブ油とトマトで魚を煮るシンプルなイタリア料理です。余計な手を加えず、素材のおいしさをストレートに表現した料理に感動し、ぼくのイタリア料理の原点です。

　およそ1kgのタイを目安にした分量です。フライパンに入るなら1匹丸ごとでも半分でもOK。切り身を使っても構いません。骨付きのほうがいいだしが出ます。アジやマイワシ、サバでもおいしいですよ。下処理の後、魚の重さの1～1.2%量の塩をふって10分以上おき、出た水分はふき取ります。盛りつけたとき表になるほう（尾頭付きなら頭を左、腹を手前にします）から先に焼きます。表裏だけでなくフライ返しなどを使って側面までしっかり焼くと、後で煮崩れしません。

　水を加えたらずっと強火で。魚は動かさず、沸いた煮汁をレードルですくって上からかけ火を通します。水が減ったら足し、アサリと野菜を加えてからも繰り返します。オリーブ油の量は残った煮汁の¼程度が目安。沸騰させながら煮汁がとろっとして白っぽくなるまでかけ続けます。食卓が一気に華やぎますよ。

---

**MEMO**

普段は野菜を入れませんが、彩りと栄養バランスがいいですし、野菜に魚のうまみがしみこんでおいしく仕上がります。

---

SECONDO PIATTO
メインディッシュ

野菜たっぷり
アクアパッツァ

# イワシの
# オレガノ風
# 白ワイン煮

材料（4人分）

マイワシ･････････････････････････12匹
A ｜ ニンニク･･･････････････････････2かけ
　｜ 赤唐辛子･････････････････････････2本
　｜ オレガノ（ドライ）･････････････････5g
　｜ 塩･･････････････････････････････少々
　｜ オリーブ油･････････････････････50cc
白ワイン･･･････････････････････････500cc

作り方

1 イワシはウロコ、頭、内臓を取ってよく洗い、水気をふいて塩を軽くふる。ニンニクは芯を取ってつぶし、唐辛子は端を切って種を出す。
2 鍋にAを入れ、弱火にかけて香りを出し、辛みを油に移す。白ワインを加え、強火で5分ほど煮立たせてアルコール分をとばす（写真 1 ）。
3 2にオレガノとイワシを加え、強めの中火で3〜4分煮る。裏返さずに煮汁をかけながら火を通す（写真 2 ）。
4 火から下ろしてフタをし、10分ほど煮汁に漬け込んで味をなじませる。

## 煮すぎないのがコツ

イタリアでもイワシはパン粉焼きやマリネなどにしてよく食べます。中でもさわやかな香りのシソ科のハーブ・オレガノと組み合わせた料理はシチリアの定番。まとめて作っておくのにピッタリの一品です。

イワシはボウルに張った水の中で、血合いの部分までよく洗います。水気をふいてから塩をふりますが、表面だけでなく腹の内側も忘れずに。

最初にオリーブ油とニンニク、赤唐辛子を一緒に熱し、油に香りや辛みを移していきます。唐辛子は絶対焦がさないで。焦げそうになったら鍋を一度、火から外しましょう。

白ワインのアルコール分をとばしてから、イワシとオレガノを入れます。安い白ワインでOKです。イワシは裏返すと皮が剥がれて見た目が汚くなるので、動かさずに上から何度も煮汁をかけ、味をしみ込ませていきます。

イワシは煮すぎないのがおいしさのコツ。身がほっこりと軟らかく、軽やかな味に仕上がります。

冷蔵庫で4、5日保存可能です。味がなじんだほうがおいしいですよ。

---

**MEMO**

オレガノは生よりドライのほうが香りがいいことも知っておいてくださいね。

---

SECONDO PIATTO メインディッシュ

# エビの塩ハーブ焼き

### 材料（2人分）
殻付きエビ（有頭）……………………大8～10匹
塩……………………………………………300g
オレガノ（ドライ）……………………小さじ2
ハーブ………………………………………適量
（ローズマリー、タイム、ローリエ、フレッシュミントなど）

### 作り方
1 エビは殻付きのまま（写真1）、竹串やつまようじなどを使って背わたを引き抜いて取り除く。ヒゲや尾のとがった硬い部分も外す。軽く洗って水気をふく。
2 フライパンに塩とオレガノ、ローリエを合わせて入れ、中火で徐々に温める（写真2）。塩が温まってオレガノの香りが立ってきたら上に1を並べ（写真3）、エビに塩をまぶすようにしながら、塩ごと何度か上下を返して、塩で間接的に火を通す。エビの色が変わったらフタをし、ごく弱火にして5～6分蒸し焼きにする。
3 2にローズマリーの枝やミントなどのフレッシュハーブを加え（写真4）、再度フタをし、火を止める。好みで切ったレモン（材料外）を添える。フライパンのまま食卓に出して表面についた塩を落としながらいただく。

## 香りもごちそう！

人が集まるお祝いの席に、有頭エビを使った一品はいかがでしょう。

エビは大ぶりのアルゼンチン赤エビを選びましたが、手に入りやすいブラックタイガーなどでも構いません。

フライパンで塩を温めながら、塩にオレガノの香りを移していきます。その塩で、エビに間接的に火を通します。強火にすると焦げるので注意しましょう。

フタを開けた瞬間、ふわっとエビとハーブが香り、食欲をそそります。

香りもごちそうです。フライパンごと食卓に出すと華やかでいいですね。

### MEMO
ヒゲを取り、背わたを抜くなどの「掃除」をしますが、頭や殻はそのままで。取ると焼いたときに塩が入りすぎてしまいます。

*SECONDO PIATTO* メインディッシュ

エビとタマネギの
ピリ辛トマト煮 カラブリア風

## 辛くて、おいしい！！

イタリアンには辛い料理のイメージはあまりないかもしれませんが、南部のカラブリア州は唐辛子の名産地で、現地の人々は辛い料理を好みます。今回は唐辛子を利かせたソースの辛さと日本人が大好きなエビの甘み、二つのバランスがいいレシピを作ります。

エビはスーパーなどでも手に入りやすくなった有頭のアルゼンチン赤エビを使うとよいでしょう。だしが出る頭と尾だけ残して、身の部分の殻をむきます。

タマネギも切っておきます。フライパンにニンニクとオリーブ油を入れ、火にかけます。ニンニクが色づいてきたら赤唐辛子、さらにビネガーと白ワインを加えます。沸騰したらタマネギを加え、軟らかくなるまで強火で火を通します。しっかり塩で味をつけてからエビを加えます。

中火で1〜2分程度、エビを動かさずに火を通すようにします。火を止めてからフタをして、味をなじませます。

### 材料（2人分）

| | |
|---|---|
| 有頭エビ | 大8匹 |
| タマネギ | 大½個 |
| トマト缶（ダイスカット） | 1缶（400g） |
| ニンニク（みじん切り） | 1かけ分 |
| 赤唐辛子 | 1本 |
| オリーブ油 | 大さじ2 |
| 塩 | 小さじ½ |
| A　白ワイン | 100cc |
| A　白ワインビネガー | 大さじ3 |

### 作り方

1. 有頭エビは殻がついた状態のまま竹串で背わたを取り、ヒゲと尾のとがった部分も除く。頭と尾を残して殻をむく（写真1）。
2. タマネギは芯を取り、横半分に切ってから1cm弱の幅で薄切りにする。
3. フライパンにニンニクとオリーブ油大さじ1を入れて火にかける。赤唐辛子を手でちぎって加え、**A**を加える（写真2）。
4. 3が沸騰したら2を加え、強火にする。タマネギが透き通って軟らかくなるまで木べらを使って炒める（写真3）。
5. 4にトマトと塩を加えてから1を加える（写真4）。1〜2分してエビに火が通ったら火を止め、フタをして味をなじませる。
6. 5を皿に盛り、あればパセリのみじん切り（材料外）をちらして残りのオリーブ油を回しかける。

> **MEMO**
> エビはバナメイエビやブラックタイガーに代えてもOK。煮すぎると身が硬くなるのでご注意を。

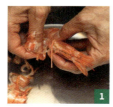

# アジフライ イタリアンソース

### 材料（2人分）
| | |
|---|---|
| アジ | 2匹 |
| 小麦粉 | 適量 |
| 溶き卵 | 適量 |
| パン粉 | 適量 |
| 揚げ油 | 適量 |

A:
| | |
|---|---|
| ゆで卵 | 1個 |
| ケッパー | 25g |
| タマネギ | 中1/8個 |
| パセリの葉 | 約1/2束（10g） |
| オリーブ油 | 大さじ3と1/3 |
| 白ワインビネガー | 小さじ1 |

### 作り方
1. A（写真**1**）をミキサーにかけ、ピューレ状になるまで細かくしてイタリアンソースを作る。
2. アジは三枚おろしにする。小麦粉を両面に薄くつけて溶き卵を絡め、パン粉を手で押しつけるようにしてしっかりとつける。
3. 揚げ油を180℃に熱し、**2**を2～3分ほどキツネ色になるまで揚げる（写真**2**）。
4. **3**を皿に盛って**1**をかけ、あればパセリ（分量外）をちらす。

## パセリの緑が美しい

青魚といえばアジ。定番のシンプルなアジフライにしていただきましょう。

アジやカキのフライは、粗めのパン粉でザクザクした食感にするとおいしいです。「アランチーニ・ディ・リーゾ（イタリア風ライスコロッケ）」（P73）では細びきのパン粉を使いました。揚げ物によって使い分けができるといいですね。

揚げるときは180℃の油で色よく。衣は剥がれやすいので、なるべく触らないようにして火を通します。

ソースはタルタルソースでもいいのですが、今回はグリーンが美しいイタリアンソースを作ります。パセリの香りと味わいがさわやか。マヨネーズを入れないので軽い食感です。普段は添えもの扱いで皿に残されがちなパセリを、ぜひ主役にしてください。イタリアンパセリでもおいしく作れます。

材料はすべてミキサーにかけ、ピューレ状になるまで細かくします。ミキサーがなければ包丁でみじん切りにして混ぜてください。

> **MEMO**
> このソースは肉にも相性抜群。余ったらディップにしたり、パンにはさんだりしても使えます。ピクルスを少量加えるのも、味が締まっておすすめです。

# イタリア風サーモンカツレツ

## ボリュームたっぷり
## ぼくの自信作

　お子さんのいるご家庭に、ぜひおすすめしたいのがこれ。人気のサーモンを、トマトやモッツァレラチーズと一緒に焼きました。見た目は豪華ですし、ボリュームたっぷり。きっと喜んでいただける自信作です。

　サーモンの切り身は、まずフライパンで揚げ焼きに。後でオーブンで焼きますから表面が色づく程度、中は生の状態で構いません。余分な油はペーパータオルで取っておきます。

　トマトとチーズは輪切りにし、クッキングシートを敷いた天板の上に、輪切りのトマト1切れ、サーモン1切れ、チーズ2枚程度の順に重ねていきます。トマトの輪切りは中央に近い大きめのものを使いましょう。オーブンがなければオーブントースターやグリルで大丈夫。チーズがとろけるまでこんがり焼いてください。

　残ったトマトは角切りにし、ソースに。二つの味を楽しみます。トマトが足りなければケチャップを加えてもいいですね。ニンニクがお好きな人は、みじん切りにしてここで一緒に炒めてもいいでしょう。

### 材料（3人分）
| | |
|---|---|
| サーモン切り身 | 3切れ |
| トマト | 中2個 |
| モッツァレラチーズ | 1個(100g) |
| タマネギ | ½個 |
| オリーブ油 | 大さじ3 |
| 塩 | 少々 |
| コショウ | 少々 |
| 小麦粉 | 適宜 |
| 卵 | 1個 |
| パン粉 | 適宜 |

### 作り方

1. トマトと表面の水気をしっかりふき取ったモッツァレラチーズは厚さ1cm弱の輪切りにする。トマトの輪切りは大きめの3枚を残し、ほかはソース用に角切りにする。輪切りのトマトには軽く分量外の塩をふっておく。タマネギは薄切りにする。
2. サーモンに塩、コショウをし、小麦粉、溶き卵、パン粉の順に衣をつける。
3. フライパンにオリーブ油を入れて火にかけ、2を色づく程度まで揚げ焼きにする（写真1）。中まで火が通っていなくてもよい。ペーパータオルの上にのせ、余分な油を取る。
4. クッキングシートを敷いた天板に輪切りのトマト、3、モッツァレラチーズの順に重ねてのせ（写真2）、200℃のオーブンで8分焼く。オーブントースターやグリルで焼いてもよい。
5. 焼いている間にソースを作る。鍋にオリーブ油小さじ1（分量外）を入れて中火にかけ、タマネギを色づくまで炒める。角切りのトマトと塩少々（分量外）を加え、トマトがしんなりするまで炒める。
6. 4を皿に盛り、5を添える。あればイタリアンパセリ（材料外）などを飾る。

**MEMO**
サーモンがなければ、タラなどほかの白身魚でもOK。アレンジしてお楽しみください。

# サケのグラタン風香草マスタード焼き

### 材料（2人分）

| | |
|---|---|
| サケ切り身 | 2枚 |
| フルーツトマト | 2個 |
| 生クリーム | 90cc |
| パン粉 | 20g |
| パセリ | 10g |
| バター | 10g |
| オリーブ油 | 小さじ1 |
| ディジョンマスタード | 小さじ4 |
| 塩 | 適量 |
| コショウ | 適量 |

### 作り方

1. ポリ袋にパン粉を入れ、麺棒で細かく砕く。刻んだパセリを加えて混ぜ、香草パン粉を作る（写真**1**）。
2. フルーツトマトは1cm角に切る。
3. グラタン皿にバター（もしくは分量外のオリーブ油小さじ1）を塗る。
4. サケに塩、コショウをしてマスタードを塗り、上から **1** を適量ふりかける。
5. **4** を **3** にのせ、周りに **2** をちらして（写真**2**）パン粉にかからないように生クリームを注ぐ。サケの上にオリーブ油を回しかけ、200〜230℃のオーブンで焼き色がつくまで約10分焼く。

## パン粉はできるだけ細かく

サケやサーモンを使ったオーブン料理はいかがですか。グラタン風といってもホワイトソースは不要。気軽に作れます。

香草パン粉を作るときは麺棒でできるだけ細かく砕きましょう。ミキサーがあれば使ってください。分量は作りやすい量ですがもし残ったら冷凍保存が可能です。カツの衣にするとおいしいですよ。

マスタードは、手に入ればディジョンマスタードを使ってみてください。ディジョンはフランス・ブルゴーニュ地方の地名。白ワインと白ワインビネガーで作る、辛みがまろやかで上品な味のマスタードです。なければフレンチマスタードでも構いません。どちらもカラシの外皮を取り除いて作られたマスタードで、見た目は白っぽく明るい黄色。辛さ控えめで風味がいいので、焼いた肉やゆで野菜につけたりサンドイッチのパンに塗ったりと、家庭でもかなり使えます。

香草パン粉とマスタードの組み合わせがクセになる一品のできあがりです。

### MEMO

グラタン皿はオーブントースターで焼いても大丈夫。グリルを使うなら焦げないように色が付き始めたらアルミホイルをかぶせましょう。

### オレガノを利かせて

イタリアの家庭料理「ピッツァイオーラ」(ピザ職人風)。ちょっと変わった名前の肉料理です。

使うのはニンニクやトマトソース、オレガノ……。ピザ職人の目の前にあるもので作ったのでこの名前になったのかもしれませんね。修業時代に食べていたまかないを思い出します。

ニンニクを火にかけ、香りを出してからトマトやオレガノ、塩を加え、煮立たせます。ホールトマトなら、つぶしながら加えてください。

このソースに牛肉を重ならないように並べ、サッと火を通せば完成です。

> **MEMO**
> 香りがよいドライオレガノはイタリアンではおなじみのハーブ。常備をおすすめします。

# 牛肉の
# ピッツァイ
# オーラ

### 材料(2人分)
牛もも肉(焼き肉用もしくは切り落とし)……200g
トマト缶(ダイスカット)……………1缶(400g)
ニンニク………………………………大1かけ
オリーブ油……………………………大さじ2
オレガノ(ドライ)……………………小さじ2
塩………………………………………2つまみ

### 作り方
1 ニンニクは粗みじん切りにしておく。オリーブ油と一緒にフライパンに入れ、火にかけて香りを出す(写真**1**、**2**)。
2 1が色づいたらトマト缶の中身を加える(写真**3**)。缶の内側も少量の水ですすぎ、加える。オレガノと塩を加えてよく混ぜ、煮立たせる。
3 2に牛肉を重ならないように並べ(写真**4**)、サッと火を通す。皿に盛りつけ、あればバジル(材料外)を飾る。

28

# 鶏肉の
# ローマ風
# 煮込み

### 材料（2人分）
鶏もも肉・・・・・・・・・・・・・・・・・・・・・・・・・・・中2枚
パプリカ・・・・・・・・・・・・・・・・・・・・・・・・・・・・・2個
ニンニク・・・・・・・・・・・・・・・・・・・・・・・・・・・・・2片
バジル・・・・・・・・・・・・・・・・・・・・・・・・・・・・・・・1枝
オリーブ油・・・・・・・・・・・・・・・・・・・・・・・大さじ½
塩・・・・・・・・・・・・・・・・・・・・・・・・・・・・・・・・・・・少々
コショウ・・・・・・・・・・・・・・・・・・・・・・・・・・・・・少々
A｜白ワイン・・・・・・・・・・・・・・・・・・・・・100cc
　｜白ワインビネガー・・・・・・・・・・・・・・・50cc

### 作り方
1. 鶏肉に塩、コショウをする。パプリカは2cm幅の棒状に切る。
2. フライパンにオリーブ油とニンニクを入れて熱し、皮目から鶏肉を焼く。両面にきれいに焼き色がついたら取り出す。
3. 同じフライパンにパプリカを入れ、塩1つまみ（分量外）を加えてやわらかくなるまでじっくり焼く（写真**1**）。
4. 3に2を戻し**A**を加え（写真**2**）、フタをして20分ほどごく弱火で蒸し煮する。途中、様子を見て水分が減りすぎていたら水を足す。
5. 仕上げにバジルの葉をちぎって加え、サッと混ぜる。

## 作り方は至ってシンプル

　時間があるときに作ってみたいイタリアの家庭料理をご紹介します。材料、調味料や調理道具も普段お使いのものでOK。

　塩コショウした鶏肉は、皮目からフライパンに入れて十分に焼き色をつけ、いったん取り出します。鶏のうまみが残ったフライパンで、続けてパプリカを焼いていきます。このパプリカが味のポイント。火を通すことで甘みが増し、鶏料理にコクが出るのです。

　鶏肉は、切らずにそのままフライパンに戻します。白ワインと白ワインビネガーを加え、ぴったりと閉じることができるフタをして弱火で20分ほど、蒸すような感じで煮ていきます。焦げないように途中何度か様子を見て、水分が減りすぎていたら適宜、水を足すようにします。

　仕上げにバジルの葉をちぎって加え、サッと混ぜれば完成。材料も作り方も至ってシンプルですが、本格的な味が楽しめますよ。

### MEMO
パプリカが手に入らない場合は、肉厚のピーマンで代用しても構いません。

I SECONDO PIATTO
メインディッシュ

鶏もも肉のソテー
白ワインビネガー風味

## 「すっぱい」けどおいしい
## 皮目パリッとしっかり焼いて

酸味の利いたものは体を元気にしてくれます。白ワインビネガーをたっぷり使ったソテーをご紹介します。白ワインビネガーは、なければ米酢で代用可能です。

鶏もも肉は皮目がパリッとするまでしっかり焼きます。

ハーブを加えると味が締まります。今回は生のローズマリーとセージを使いました。ローズマリーは先端を指でつまんで下にしごくようにすると葉が簡単に取れます。生が手に入らなければドライでもいいですし、オレガノなどほかのハーブでもOKです。

肉の裏表をソテーしながら白ワインビネガーを何回かに分けて加え、強火で水分をとばします。繰り返すことで余計な酸味をとばし、風味やうまみが凝縮されるのです。

付け合わせのイタリア風粉ふきイモも、レモン汁を利かせてさっぱりと。こちらもユズやスダチの果汁で代用できますよ。

SECONDO PIATTO メインディッシュ

### 材料（2人分）

| | |
|---|---|
| 鶏もも肉 | 中2枚 |
| ジャガイモ | 中2個 |
| ローズマリー | 2枝 |
| セージ（フレッシュ） | 2枝 |
| 白ワインビネガー | 80cc |
| オリーブ油 | 大さじ1 |
| 塩 | 2つまみ |
| コショウ | 少々 |
| A { レモン汁 | 大さじ2 |
| オリーブ油 | 大さじ2 |
| パセリのみじん切り | 適量 |
| 塩 | 2つまみ |

### 作り方

1 まず、付け合わせを作る。ジャガイモは皮をむいて芽を取り除き、水にさらして一口大に切る。鍋に水から入れ、沸騰してから12～15分、竹串がすっと通るくらいになるまで軟らかくゆでる。湯を捨てて再び火にかけ、水分をとばしながら木べらでつぶす。火を止め、**A**を加えてサッと混ぜる（写真**1**）。

2 鶏もも肉は筋を取り、4等分に切って、両面に塩、コショウをする。

3 ローズマリーとセージは細かく刻んでおく。

4 熱したフライパンにオリーブ油を入れ、**2**を皮目を下にして並べ、フタをせず4～5分かけてパリッと焼く。皮がしっかり焼けたら裏返して1～2分焼く（写真**2**）。

5 フライパンを傾けて、余分な脂をふき取り、**3**を加える。白ワインビネガーを3～5回に分けて加え、強火で水分をとばしながら裏表を返し、味をしみ込ませる。

6 **1**と**5**を皿に盛りつける。

### MEMO

鶏もも肉は筋があると焼いたとき縮みやすいので、できれば大きな筋は取り除いてください。筋っぽいふくらはぎのあたりには、筋を断ち切るように切り目を入れておきましょう。

# 鶏胸肉の
# トンナート
# ソース

**材料（2人分）**

| | |
|---|---|
| 鶏胸肉 | 1枚 |
| 塩 | 少々 |
| ツナ缶 | ½缶（35g） |
| アンチョビ（フィレ） | 1枚 |
| ゆで卵 | ½個 |
| A ケッパー | 大さじ2弱（5g） |
| マヨネーズ | 大さじ4 |
| 白ワインビネガー | 大さじ1 |

**作り方**

1 鍋に鶏肉がかぶるくらいの水、塩を入れ火にかけ、沸騰したところに鶏肉を入れ、火を止める。フタをして15分程度おき、余熱で火を通す。食べやすいように鶏肉を手で裂く（そのほうが、表面に凹凸ができてソースが絡みやすい）。

2 **A**をミキサーにかける。ミキサーがなければマヨネーズと白ワインビネガー以外を包丁でみじん切りにし、ボウルですべてを混ぜ合わせる。

3 皿に盛った**1**に**2**をかけ、飾り用のディルの葉、イタリアンパセリ（いずれも材料外）、ケッパー（分量外）をちらす。

## 鶏胸肉の定番に
## 余熱で火を通ししっとり

　健康志向を背景に、高たんぱく・低カロリーな鶏胸肉が人気です。サラダチキンはすっかりおなじみですね。ただ、同じようなレシピは飽きると感じたら、トンナートソースを作ってみてはいかがでしょう。

　トンナートソースは、イタリア版の「ツナマヨソース」。トンノはイタリア語でマグロの意味。日本のツナマヨと違うのは、ケッパーやビネガーなどで酸味を加えるところ。

　鶏の胸肉はパサパサした食感が苦手、という方もいらっしゃるかもしれません。しっとりとゆでるコツは、余熱で火を通すことです。沸騰した湯に鶏肉を入れて火を止め、フタをして15分ほどおいておきます。これで十分火が通ります。

　おいている間にソースを作りましょう。ツナやアンチョビ、ゆで卵などを刻みマヨネーズと混ぜ合わせます。ツナは缶汁ごと使ってください。裂いた鶏胸肉にソースをかければ完成です。

　飾り用のディル、ケッパーやイタリアンパセリなどを使ってみましょう。グリーンがあったほうが見た目も美しいですし、食欲をそそりますよ。

---
**MEMO**

トンナートソースは豚肉や魚にも合いますし、バゲットにつけてもおいしいですよ。

---

**I SECONDO PIATTO**
メインディッシュ

## 鶏のうまみが凝縮

鶏肉、白菜といえば、鍋料理に入れたくなる食材です。今回は牛乳を使った洋風の煮物を作ります。軽い味わいなので、クリーム煮の重い感じが苦手な方にもおすすめです。

干しシイタケは後で戻し汁も使います。キッチンペーパーで汚れを濾し、捨てずに取っておきましょう。鶏もも肉は胸肉でも代用可能。胸肉を使う場合は塩コショウをふった後、軽く小麦粉をまぶすと肉のパサつきが抑えられます。煮込み時間はもも肉の半分程度です。

鶏肉はフライパンで皮目に焼き色をつけます。後で煮込むので表面だけでOK。いったん取り出します。フライパンに残った鶏の脂を使って、白菜とシイタケをしっかり焼きつけるのがポイント。鶏のうまみがしみこみ香ばしさもアップします。白菜は¼個をそのまま入れ、途中で芯を取ってさらに焼きます。シイタケは先に火が通るので取り出しておきます。白菜がクタクタになったら鶏肉やシイタケを戻し、チキンブイヨンや戻し汁、牛乳を加えて煮詰めます。

### MEMO
お箸でいただく場合は盛りつけのときに肉や白菜を食べやすい大きさにそぎ切りにするとよいでしょう。

### 材料（3人分）
- 鶏もも肉……………………中2枚（600〜700g）
- 白菜…………………………¼個（500g程度）
- 干しシイタケ………………………………大3枚
- 干しシイタケの戻し汁……………………150cc
- チキンブイヨン……………………………200cc
- バター………………………………………25g
- オリーブ油………………………………大さじ1
- A｜牛乳……………………………………200cc
- ｜塩………………………………………2つまみ

### 作り方
1. 干しシイタケは200cc強の水と一緒にボウルに入れ、冷蔵庫で前日から戻しておく。水気をしぼり、半分に切る。戻し汁はキッチンペーパーでこし、汚れを除く。
2. 鶏もも肉は厚みのある部分を軽くたたくなどしてならし、1枚を3〜4つに切る。両面に塩（分量外）、コショウ（材料外）をふる。
3. フライパンにオリーブ油を入れて中火にかけ、2を皮側から焼く（写真1）。皮に焼き色がついたら裏返し、数十秒後に取り出す。
4. 3のフライパンに白菜を切らずにそのまま入れ、残った脂ですべての面に色がつくよう、なるべく動かさずにしっかり焼きつける（写真2）。一緒に1のシイタケも入れ、火が通ったら先に取り出す。途中、油が足りなければ足す。
5. 4の白菜を一度取り出して芯を包丁で落とし、葉をバラバラにしてフライパンに戻してさらに焼く。3で取り出した鶏肉、4で取り出したシイタケも戻す。
6. 5にチキンブイヨンと1の戻し汁を加え、中火で5分ほど煮る。
7. 6にAを加え、フタをせずに10分ほど煮込む。最後にバターを溶かす（写真3）。

I SECONDO PIATTO メインディッシュ

# 鶏肉と白菜の
## ミルク煮

## ポークカツレツ ボローニャ風

### 元気になれる即効レシピ

「栄養バランスが良く、元気になれる一品を」という編集部のリクエストに応え、「即効レシピ」を考えてみました。

ボローニャ風は、カツレツに生ハムとチーズを合わせたもの。カツレツといっても、豚肉はショウガ焼き用の薄いものを使います。肉をたたく手間がいりませんし、火が通りやすくて時短にもなります。

衣に使うパン粉はジッパー付きの袋などに入れ、麺棒でたたいて細かくします。今回は衣の小麦粉を省き、パン粉、卵液、パン粉の順につけます。パン粉に粉チーズを混ぜるのも、コクが出ておいしいのでおすすめ。残ったパン粉は、冷凍保存すればまた使えます。

フライパンで表面がキツネ色になるまで焼き、キッチンペーパーで油をきります。ここでは中まで焼けていなくて大丈夫。生ハムとチーズをのせ、トースターまたは魚焼きグリルで焼きます。

今回はスライスした生のマッシュルームをトッピングしました。トマトソースをフレッシュなトマトに代えれば、よりさっぱりいただけますよ。

### 材料（2人分）

| | |
|---|---|
| 豚肉（ショウガ焼き用） | 4枚 |
| ピザ用チーズ | 80g |
| マッシュルーム | 2個 |
| 生ハム | 4枚 |
| 卵 | 1個 |
| オリーブ油 | 大さじ1 |
| トマトソース | 適量 |
| パン粉 | 適量 |

### 作り方

1 豚肉は筋切りをして両面に軽く塩（材料外）をふる。

2 卵を溶く。パン粉はジッパー付きの袋などに入れ、麺棒でたたいて細かくする。1 にパン粉、溶き卵、パン粉の順に衣をつける。

3 フライパンにオリーブ油を入れて熱し、2 の表面がキツネ色になるまで焼く。キッチンペーパーに取り、油をきる。

4 3 の上に生ハムとチーズをのせ、トースターまたは魚焼きグリルで5分ほど焼いてチーズを溶かす。焼いている間にマッシュルームを薄切りにする。

5 皿にトマトソースをしく。4 のカツレツをおき、上にマッシュルームをのせる。最後にオリーブ油（分量外）を回しかけ、あればパセリ（材料外）をちらす。

**MEMO**
ピザ用チーズがなければ、スライスチーズをちぎってのせてもOK。

38

## ポルケッタ
（豚肉とジャガイモの
ロースト）

### イタリア伝統料理の
### 本格的な味わい

　時間があるときはいつもよりちょっと手間をかけて、おいしいものを作ってみませんか。イタリアの伝統料理「ポルケッタ」（豚の丸焼き）を、トンカツ用の肩ロース肉で作ります。

　豚肉は包丁で筋を切っておきます。脂身の側から包丁を入れ、倍くらいの大きさになるよう開いてください。たたいて薄く広げてもよいでしょう。塩コショウし、ニンニクとローズマリーを刻んだものを片面に塗ります。

　肉2枚を少しずらして、縦長になるよう重ねたら手前からクルクル巻き、たこ糸などでしばります。刻んでいないローズマリーの1枝を糸の間に差し、オーブン対応の鍋に入れます。

　鍋の空いたところに、皮付きのまま乱切りにしたジャガイモを入れます。一緒にオーブンで焼けばできあがり。夕食のメインにピッタリですが、スライスしてパンにはさむと行楽のお供にもなりますよ。

### 材料（2人分）
豚肩ロース肉（トンカツ用）……… 厚め2枚（300〜400g）
ジャガイモ……………………………………… 大1個
ニンニク………………………………………… 1かけ
ローズマリー…………………………………… 2枝
オリーブ油……………………………………… 大さじ2
塩……………………………………………… 小さじ½
コショウ………………………………………… 適量

### 作り方
**1** ニンニクはみじん切りにする。ローズマリーも1枝分の葉を刻む。ジャガイモはよく洗い、皮付きのまま乱切りにする。

**2** 豚肉は筋を切る。脂身の側から包丁を入れて厚みが半分になるように開き、塩、コショウをする。**1**のニンニクとローズマリーを2枚の肉の片面にまんべんなくまぶしつける。

**3** **2**をずらして縦長に重ね、塗った面が内側になるように手前からクルクルと巻いて、たこ糸でしばる。市販の調理ネット（焼き豚やチャーシュー用）を使ってもよい。糸の間に、残りのローズマリー1枝を差し込む。

**4** オーブンを180℃に予熱しておく。オーブン対応の鍋に**3**とジャガイモを入れ、オリーブ油を回しかけてフタをせずに20分ほど焼く。

---
**MEMO**

たこ糸は火を入れたとき肉が開かないようにするためですので、糸のかけ方はあまり難しく考えなくて大丈夫です。チャーシューなどを作るときに使う市販の調理ネットをお持ちの方は、活用しましょう。

# 豚肉のリエット

## 作り置きでおもてなし ワインのおつまみに

　塩気が利いていて、ワインのおつまみにもピッタリで、作り置きできるリエットを作ります。リエットはフランス語で「豚肉の塊」という意味です。

　豚肉も野菜も、大きめにカットして一緒に煮ます。肉は先に表面を焼いておいてください。肉がホロホロと崩れるくらいまで、2時間くらいじっくり煮ましょう。

　肉を取り出して温かいうちにフードプロセッサーにかけ、しっとりするまで回します。脂と水分を一体化してから冷やすとよりなめらかな食感になり、見た目も美しく仕上がります。

　完成したリエットは半日からひと晩、冷蔵庫においたほうが味がなじんでおいしくなります。空気に触れないよう密封して冷蔵庫で5、6日は保存可能。冷凍保存もできます。

### MEMO
余った煮汁や野菜はいいダシが出ていますので、スープやカレーなどに使ってください。

### 材料（作りやすい分量）
| | |
|---|---|
| 豚肩ロース肉（塊） | 700g |
| タマネギ | 1個 |
| ニンジン | ½本 |
| セロリ | 1本 |
| 白ワイン | 200cc |
| オリーブ油 | 大さじ1 |
| 塩 | 小さじ1と⅔ |
| 水 | 適量 |
| 粗びき黒コショウ | 2つまみ |
| バゲット（幅1cmにスライスしたもの） | 5〜6枚 |

### 作り方

1　豚肉を大きめの一口大（4cm角程度）に切り、塩をふる。オリーブ油を入れて火にかけたフライパンで全面に焼き色をつける。

2　タマネギ、ニンジン、セロリも豚肉と同じくらいの大きさに切る。

3　鍋に1、2と白ワインを入れ、ひたひたになるまで水を足す。弱火にかけてフタをし、肉が軟らかくなるまで2時間ほどじっくり煮る。途中で水が減ったら適量を足し、常にひたひたの状態をキープする。

4　火を止めて軽く粗熱が取れたら肉だけをフードプロセッサーに移す。煮汁200〜300ccを様子を見ながら何度かに分けて加えながら回し、なめらかに仕上げる。

5　4をココットなどの器に詰め、完全に粗熱が取れたら、冷蔵庫でしっかり冷やす。冷えたら、挽いた黒コショウをのせ、バゲットを添える。

# 豚肉のとろろ昆布巻きピカタ

SECONDO PIATTO メインディッシュ

### 材料（2人分）
豚ロース肉(とんかつ用)‥‥2枚(1枚120g)
とろろ昆布‥‥‥‥‥‥‥‥‥‥‥8～10g
卵‥‥‥‥‥‥‥‥‥‥‥‥‥‥‥‥3個
パルメザンチーズ‥‥‥‥‥‥‥‥大さじ1
オリーブ油‥‥‥‥‥‥‥‥‥‥‥大さじ2
小麦粉‥‥‥‥‥‥‥‥‥‥‥‥‥大さじ1
塩‥‥‥‥‥‥‥‥‥‥‥‥‥‥‥‥少々

### 作り方
1 ボウルに卵を割り入れ、パルメザンチーズを加えて泡立て器で混ぜる。
2 豚肉は筋切りをして塩をふる。軽くたたいて火を通りやすくし、表面の水気をふく。広げたとろろ昆布で肉を巻いて包み（写真1）、小麦粉をまぶす。
3 フライパンにオリーブ油を熱し、1 にくぐらせた 2 を入れる。1 の卵液が余っていたら上からかけ、フタをして弱火でゆっくり焼く。裏返し、表面がキツネ色になったら火を止め、余熱で完全に火を通す。
4 食べやすく切って皿に盛り、あればくし切りにしたレモン（材料外）を添える。

## とろろ昆布の秘めたる実力

　肉をボリューム、うまみともにアップさせるワザとして、乾物の活用をお勧めします。
　とろろ昆布はカルシウムやカリウム、鉄などのミネラルがバランスよく含まれています。ピカタに足すと味に深みと奥行きが増し、驚くほどおいしくなるんです。肉の表面の水気を拭いてから包み、小麦粉と卵液をまとわせてフライパンへ。卵液は残さず、一緒に焼いてください。肉に厚みがあるので、弱火でゆっくり火を通しましょう。表面がキツネ色になり、パリッとした感じになるまで焼きます。
　日本の乾物は本当に優秀です。とろろ昆布もまだまだポテンシャルを秘めています。少し軟らかくしたバニラアイスクリームにとろろ昆布を混ぜるようにしてから食べるのが私のおすすめ。絶妙なコクがプラスされます。
　おにぎりやそば、お吸いものだけじゃもったいない。いろいろお試しください。

**MEMO**
とろろ昆布はうまみが強いので、塩は控えめで OK。

# II

## PRIMO PIATTO
### PASTA, RISOTTO, GNOCCHI

パスタ、リゾット、
ニョッキ

## ニンニクは弱火で
## ゆっくり加熱して

　イタリアンで究極のアルモンデ（家にあるもので）料理といえば、ペペロンチーノ！　スパゲティがあれば作れます。

　ニンニクは薄切りでなくてもつぶしたり、みじん切りにしたり、お好みで。麺をゆでている間に、ソース作りに取りかかります。

　ニンニクは焦がさないよう弱火でゆっくり加熱し、油に香りを移します。麺を合わせる前にゆで汁を加えてフライパンを手早く揺すり、白っぽくトロリとさせればソースがしっかりなじみます。

　もちろん具材があれば加えてOK。キノコ類や長ネギ、葉野菜、缶詰のオイルサーディン、カラスミパウダー……。いろいろ試して「わが家のアルモンデ」を作ってみてください。

> **MEMO**
>
> 「アサリとトマトと菜の花のパスタ」（P56）でもお伝えしますが、冷たいフライパンに油とニンニクを入れ火にかける、という順番は必ず守ってください。

# ペペロンチーノ

**材料（2人分）**

| | |
|---|---|
| スパゲティ | 160g |
| ニンニク | 2かけ |
| オリーブ油 | 大さじ4 |
| 赤唐辛子 | 1本 |
| 塩 | 1つまみ |
| イタリアンパセリ | 適量 |

**作り方**

1. ニンニクは薄切りに、赤唐辛子は種を取って輪切りにする。イタリアンパセリは刻む。
2. 鍋に湯を沸かして1％の塩（分量外）を入れ、スパゲティを表示時間より1分短くゆでる。
3. ゆでている間にフライパンにオリーブ油とニンニクを入れ、火にかける（写真**1**）。温まったら弱火にし、唐辛子を加える（写真**2**）。ニンニクがキツネ色になったら、2のゆで汁をお玉½杯程度加えてソースにし（写真P46）、火から下ろす。
4. 3に塩を加え、2がゆで上がる30秒前に再度弱火にかける。2がゆで上がったら湯を切って加える。イタリアンパセリも加えて全体をあえ、なじませる。好みで塩（分量外）を加え、味を調える。

# カルボナーラ
（ご家庭バージョン）

**材料（2人分）**

スパゲティ……………………………160g
卵………………………………………2個
パルメザンチーズ………………大さじ2～3
ベーコン………………………………60g
オリーブ油……………………………少々
塩………………………………………適量
黒コショウ……………………………適量

**作り方**

1. スパゲティをゆで始める。フライパンにオリーブ油と短冊状に切ったベーコンを入れ、中火にかける。熱くなったら弱火にし、ベーコンの脂分をじんわりと溶かすように炒める（写真**1**）。
2. スパゲティのゆで汁、または水少量（分量外・お玉1～2杯）を **1** に加えてベーコンの旨みを溶かし、火を止める。
3. ボウルに卵を割り入れ、泡立て器で泡立てる。
4. スパゲティがゆで上がったら、**2** のフライパンを中火にかける。スパゲティを入れて混ぜ、ベーコンのうまみを絡める。
5. スパゲティとあえる寸前に **3** の卵液にパルメザンチーズと黒コショウを入れ、軽く混ぜる（写真P50,51）。いったん火から離した **4** のスパゲティに加える（写真**2**）。
6. ソースのかたまり具合を見ながら、フライパンを火から外したり、かけたりを繰り返し全体がなじむまで混ぜる。味見をして、足りなければ塩を振る。皿に盛りつけ、黒コショウをたっぷりふる（写真P52）。

## 全卵を使って、本場の味を

カルボナーラはぼくがイタリア料理を目指すきっかけになったひと品です。イタリアンレストランでアルバイトをしていた頃、まかないで毎日食べても飽きない味で、驚きました。ぼくの進む道を決めた料理なのです。レストランでは卵黄と生クリームが入った濃厚なソースのカルボナーラを出しますが、今回はイタリアの家庭でよく食べられている、全卵を使ったカルボナーラをご紹介します。

卵は最初に泡立てます。火が入ったときに一気に固まるのを防ぐ効果があり、ソースが軽い仕上がりになります。それからベーコンを炒めた後、必ずゆで汁を入れましょう。そのままだと卵液を入れたときに一気に固まってしまいます。ソースはとろりとした状態がベスト。多少は仕方ありませんが、ぼろぼろの炒り卵にならないように、しっかり泡立て、ゆっくり火を入れてください。

### MEMO

イタリアではグアンチャーレ（豚のほお肉の塩漬け熟成品）とペコリーノを使うのがスタンダードですが、手に入りやすいベーコンとパルミジャーノを使います。ベーコンをパンツェッタに変えてもおいしくできます。

II PRIMO PIATTO PASTA, RISOTTO, GNOCCHI パスタ、リゾット、ニョッキ

# サバ缶と キノコの トマトパスタ

## 15分でメインの一皿 家にある野菜、 自由に加えて

帰りが遅くなったときにも、すぐに作って食べられる晩ご飯メニューを、と編集部からリクエストがありました。こういうときは、一皿で満足できるパスタが一番！ トマト缶とサバ缶、常備の缶詰を二つ使ってササッと作りましょう。

今回はシメジとエリンギを使いましたが、もちろんシイタケなどほかのキノコでもOK。野菜を加えて、もっと具だくさんにするのもおすすめです。タマネギやトマト、ジャガイモ、カブ、ブロッコリー、白菜……何でも合います。家にあるものを自由に、お好みで加えてみてください。

キノコを1つまみの塩と一緒に炒めてしんなりしたら、サバ缶の汁を先に入れてうまみを吸わせておきます。トマト缶を加えたら缶の内側を水ですすぎ、その水も一緒に加えて無駄なく使い切りましょう。サバの身を加えるのはその後で。塊はあまり細かくせず、軽く崩す程度にします。簡単でおいしい料理を楽しんでください。

### 材料（2人分）
- スパゲティ……………………………160g
- シメジ………………………………1パック
- エリンギ……………………………1本
- トマト缶（ダイスカット）……………1缶（400g）
- サバ缶………………………………1缶（160g）
- モッツァレラチーズ………………1個（100g）
- オリーブ油…………………………大さじ3
- 塩……………………………………1つまみ

### 作り方
1. シメジはほぐす。エリンギも食べやすく切る。
2. フライパンにオリーブ油大さじ2を入れて火にかけ、1を炒める。塩を加え、しんなりするまで炒める。
3. 2にサバ缶の汁を加えて強火で煮る。次にトマト缶の中身と、缶の内側をすすいだ30〜40ccの水を加える。ひと煮したらサバの身を加え（写真 **1**）、塊を軽く崩す。塩（分量外）で味を調える。
4. 鍋に湯を沸かし、湯量の1%の塩（分量外）を加えてスパゲティを表示時間通りにゆでる。
5. 4を3に加え、サッとあえる。仕上げに残りのオリーブ油を回しかけ、ちぎったモッツァレラチーズを加えてサッと混ぜる（写真 **2**）。

### MEMO
モッツァレラチーズでよりおいしくなりますが、なければ粉チーズでも代用OKです。

Il Primo Piatto Pasta, risotto, gnocchi

パスタ、リゾット、ニョッキ

# アサリとトマトと菜の花のパスタ

## 貝のうまみ、たっぷり

春は貝類がおいしくなる季節ですね。手に入りやすいアサリを使って、同じく旬の菜の花と合わせたパスタを作ります。

もう一つ合わせてほしい食材は、トマト。アサリにはコハク酸、トマトにはグルタミン酸といううまみ成分が含まれていて、一緒に味わうとうまみが複雑になって、よりおいしく感じられるのです。

冷たいフライパンにニンニクとオリーブ油を入れて火にかけます。この順番は必ず守ってください。フライパンを熱してから入れると、ニンニクの香りが出る前に焦げてしまいます。唐辛子も焦がさないよう、弱火でゆっくりと香りを油に移すようにします。

アサリとトマト、白ワインを加えて、アサリの口が開くまでフタをして蒸します。スパゲティをゆでている鍋に時間差で菜の花を加え、一緒にゆでれば別ゆでする手間が省けます。フライパンで最後にすべてをあえれば完成です。

うまみたっぷりの汁もごちそうですので、バゲットなどに吸わせて残さずいただきましょう！

**MEMO**
アサリを蒸す白ワインを紹興酒に代えれば、中華風の味わいになります。

### 材料（2人分）

| | |
|---|---|
| パスタ（スパゲティ） | 160g |
| アサリ | 300g |
| ミニトマト | 1パック |
| 菜の花 | ½束（80g） |
| ニンニク | 1かけ |
| 赤唐辛子 | 1本 |
| 白ワイン | 60cc |
| オリーブ油 | 大さじ2 |

### 作り方

1 アサリは砂出しをし、洗っておく。ミニトマト、菜の花、ニンニクは半分に切る。ニンニクは包丁の腹でつぶす。赤唐辛子は種を取る。

2 フライパンにニンニクとオリーブ油を入れて火にかける。唐辛子を加えて焦がさないように熱し、香りを移す。

3 2にアサリとトマト、白ワインを加え、フタをする。アサリの口が開きはじめたら一度混ぜ、全体的に開くまで再びフタをして蒸し焼きにする。

4 鍋に湯を沸騰させて湯量の1％の塩（材料外）を加え、スパゲティを表示時間通りにゆでる。ゆで上がり時間の1分前に菜の花を加え、一緒にゆでる。

5 4の湯を切り、3のフライパンに加えてあえ（写真 1・2）、塩（材料外）で味を調える。

II PRIMO PIATTO PASTA, RISOTTO, GNOCCHI
パスタ、リゾット、ニョッキ

# 春野菜のスパゲティ

### 旬の野菜の甘みを
### しっかり引き出して

　きれいな緑色の春野菜をたっぷり使ったスパゲティはいかがでしょう。野菜の種類はお好みで。残り野菜の活用レシピとしてもおすすめです。

　緑の野菜は全部で400gくらい用意します。スパゲティをゆでている鍋で同時にゆでていきます。すべてのゆで上がり時間が同じになるよう、硬いものから時間差で投入していくことがポイントです。

　日本では野菜の形や歯応えが残るようにゆでることが多いですが、イタリアでは形が崩れることはあまり気にせず、軟らかめにゆでて野菜の甘みをしっかり引き出します。ゆで加減はお好みで調整してください。ジャガイモを使う場合はゆで時間が長くなりますので、スパゲティより前にゆで始めてください。

　今回は家庭でよく使われる缶詰のツナと合わせましたが、人気のサバ缶やサラダチキンに代えてもOK。ゆでたスパゲティや野菜と一緒にボウルであえ、フレッシュなトマトと塩コショウでシンプルに味つけしていただきます。

### 材料（2人分）
スパゲティ……………………………160g
好みの緑色の春野菜……………計400g程度
（ここではサヤエンドウ、芽キャベツ、春キャベツ、アスパラガス、ブロッコリーを使用）
黒コショウ……………………………少々
A｜ツナ缶……………………………1缶（70g）
　｜トマト（8等分にくし切りしたもの）……2個分
　｜オリーブ油……………………………大さじ2
　｜塩……………………………………2つまみ

### 作り方
1 サヤエンドウは筋を取る。芽キャベツは半分に、春キャベツは一口大に切る。アスパラは斜め切りに、ブロッコリーは小房に分ける。
2 鍋に湯を沸かして1%の塩（分量外）を入れ、スパゲティを表示時間通りにゆでる。同じ鍋で野菜を一緒にゆでる。すべてのゆで上がり時間をそろえるため、時間のかかる野菜から鍋に入れていく（写真**1**）。太さ1.6mmのスパゲティ（ゆで時間7分）で今回の野菜の場合、スパゲティと芽キャベツを同時に入れ、1分後にブロッコリーとアスパラ、その2分後にサヤエンドウ、ゆで上がり1分半前に春キャベツを入れる。時間になったらすべてを一緒にザルに上げる。
3 ゆでている間に、大きめのボウルにA（ツナ缶は汁ごと）を入れて混ぜる（写真**2**）。
4 2を3に加えてあえる。トマトを軽くつぶしながら混ぜ、味をみて塩（分量外）で調整する。皿に盛り、好みで黒コショウをふる。

> **MEMO**
> 今回使った野菜以外ではサヤインゲン、空豆、ジャガイモなんかも合いますね。

大葉の
ジェノベーゼスパゲティ

## 大葉の風味で さわやかな味わい

バジルが日本でなかなか手に入らなかった頃、同じシソ科の大葉を使って料理を作ったことがあります。日本人にはなじみ深い味ですし「緑をたくさん食べたい」という日にお試しいただきたいスパゲティです。

硬い野菜から順に同じ湯に入れ、ゆでたら冷水にはとらずバットに広げた状態で冷やします。今回使った野菜以外では芽キャベツや空豆、ブロッコリーなども合いますよ。

スパゲティは表示より2分長くゆで、こちらは氷水でしめます。水っぽさが残らないよう、ペーパータオルでよくふきましょう。

野菜とスパゲティ、それぞれにミキサーで作った大葉のソースをよく絡ませます。少々手間はかかりますが、味がなじんで一体感が出るようになります。ソースの量はお好みで加減してください。

今回は冷製にしましたが、麺や野菜を冷やさず温かいスパゲティにしてもおいしいです。

### 材料（2人分）
- スパテッティ（フェデリーニ・1.4㎜）……120g
- アスパラガス……3本
- スナップエンドウ……6個
- ズッキーニ……½本
- 絹サヤ……10本
- トッピング用カラスミパウダー……適宜
- （なければトビコ、ゴマ、ナッツ類などで代用可）

### 大葉ジェノベーゼソース（作りやすい量）
- 大葉……30枚
- ベルギーエシャロット……¼個
- （なければ紫タマネギで代用）
- オリーブ油……75cc
- ニンニク……小½かけ
- 塩……2つまみ

### 作り方
1. アスパラ、スナップエンドウ、絹サヤは食べやすい大きさに斜めに切る。ズッキーニは7～8㎜角の棒状に切る。
2. 大葉は半分に切る。ベルギーエシャロットはざく切りに、ニンニクは薄切りにする。
3. 容器に2を含めた大葉ジェノベーゼソースの材料をすべて入れ（写真1）ミキサーで回し、ペースト状にする。
4. ゆで上がる時間が一緒になるよう、鍋で沸騰させた湯に1の野菜を火の通りにくい順（材料の上からの順）に入れる。バットに広げ、冷蔵庫で冷やす。
5. 4と同じ鍋の湯に1％の塩（分量外）を加え、スパゲティを表示時間より2分長くゆで、氷水にとってしめる。ザルに上げて水気を切り、ペーパータオルに広げて水気をよくふき取る。
6. ボウルに4と3の適量を合わせる（写真2）。
7. 別のボウルに5と適量の3、分量外のオリーブ油少々を合わせ、さっと混ぜる。
8. 6と7を混ぜ合わせて皿に盛る。上にカラスミをふる。

> **MEMO**
> 残ったペーストは、炊きたてのご飯にのせて、オリーブ油や粉チーズを少しかけて食べるのもおすすめです。

# 焼きナスとミョウガの冷製パスタ

### 材料（2人分）
- フェデリーニ（細いロングパスタ）……120g
- ナス……………………………………4本
- アンチョビ（フィレ）………………2枚
- ミョウガ………………………………1個
- オリーブ油………………………大さじ2
- 塩………………………………………適量

### 作り方
1. 熱した網にナスを丸ごとのせ、皮が真っ黒に焦げるまで焼く（写真 **1**）。バットに広げラップをして蒸らし、粗熱がとれたら皮をむく。
2. 1のうち2本を包丁で細かくたたき、ペースト状にする。残りの2本は粗めのざく切りにする。
3. たっぷりの湯に多めに塩を入れ、フェデリーニをゆで始める。表示時間より2〜3分長めにゆでる。氷水で冷やしてしめ、ザルに上げてペーパータオルで水気をよくふく。
4. ゆでている間にアンチョビを細かく刻む（写真 **2**）。ミョウガは縦半分に切ってから縦に千切りにし、氷水にさらしてから水気を切る。
5. ボウルに **2** とアンチョビ、オリーブ油、塩少々を入れ、さっくり混ぜる。**3** を加えてあえる。皿にこんもりと盛り、上にミョウガを飾る。

## 香ばしさとうまみのベストマッチ

　日本人になじみの深い焼きナスは、冷たくしてもおいしいですね。夏に欠かせない薬味、ミョウガと一緒にいただきましょう。猛暑を吹き飛ばす、和風の冷たいパスタをご紹介します。

　初めにナスを焼きます。グリルを使っても構いません。皮が黒く焦げるまでしっかり焼いたらバットに広げラップをして蒸らし、粗熱が取れてから皮をむきます。氷水に入れると水っぽくなるので、私はこうしています。焦げた皮の部分も風味があるので、皮が少々残っても気にしないでください。

　4本のうち2本はペースト状に。残りの2本は粗めのざく切りにしてナスの二つの食感を味わいます。

　パスタはフェデリーニを使いました。細めのロングパスタが向いています。表示時間より2〜3分長めにゆで、氷水でしめます。水気はしっかりふいてください。水っぽさが残ると、ソースが絡みにくくなります。

　焼きナスの香ばしさとアンチョビのうまみ、塩気がパスタとベストマッチ！　ぜひお試しください。

> **MEMO**
> アンチョビはコラトゥーラ（イタリアの魚醤）やナンプラーでも代用できます。

II PRIMO PIATTO PASTA, RISOTTO, GNOCCHI
パスタ、リゾット、ニョッキ

# ガスパチョとアジの冷製パスタ

#### 材料（2人分）
アジ（刺身用フィレ）……………………1匹分
カッペリーニ………………………………120g

A
| トマト……………………………………小3個
| 赤パプリカ………………………………½個
| キュウリ…………………………………1本
| セロリ……………………………………1本
| 赤タマネギ………………………………½個
| ニンニク…………………………………½かけ
| バジルの葉（あれば）…………………適量

B
| オリーブ油………………………………大さじ1
| 塩…………………………………………2つまみ
| 白ワインビネガー………………………大さじ½
| チリペッパーソース……………………適量

C
| 塩…………………………………………少々
| レモン汁または酢………………………少々

#### 作り方
1 **A**のニンニク以外の野菜はすべて小さめの乱切りにし、ニンニクとともにミキサーにかける（写真 1・2）。
2 なめらかにした**1**に**B**を加え、さらにミキサーでかき混ぜる。ボウルに移して冷蔵庫で冷やす。
3 アジは食べやすい大きさにそぎ切りにし、**C**をふって冷蔵庫で冷やす。
4 鍋に湯を沸かして1％の塩（分量外）を入れ、カッペリーニを表示より1分長くゆで、ザルに上げる。氷水にさらして締め、ザルで水気を切った後、キッチンペーパーなどでしっかりふく。
5 **2**に**4**を加えてあえ、塩や白ワインビネガー（いずれも分量外）などで味を調える。
6 よく冷やした皿に**5**を盛り、上に**3**をのせ、バジルの葉を飾る。

## 暑さで食欲がないときに

夏に恋しくなるガスパチョをパスタと一緒にいただきます。暑さで食が進まなくなる時期にもピッタリ。そうめんに合わせてもイケるんですよ。アジはほかの刺身やツナ、サラダチキンなどでも代用できます。

夏野菜は今回はキュウリやパプリカ、セロリなどを加えましたが、お好みで増減OK。

野菜はすべて小さめの乱切りにしてミキサーにかけます。トマトなど軟らかいものが下になるようにして入れると回しやすいです。ニンニクは、少量でも入れると味が引き締まります。

できたガスパチョはボウルに移し、冷やします。サラリとした食感を楽しみたいなら、一度裏ごししてもよいでしょう。

冷製パスタのときは、細いカッペリーニを使います。表示時間より1分長くゆで、氷水でしめます。できあがりが水っぽくならないよう、しっかり水気をふき取ってください。

ワインビネガーがなければ酢やレモン汁を使っても大丈夫。酸味で夏向きのさっぱりした味に仕上げます。余ったガスパチョは、再度撹拌して翌日も楽しみましょう。

> **MEMO**
> タマネギの辛みが気になるときは水にさらして使ってください。

# ピッツォッケリ

(そばを使った
北イタリア風冬のパスタ)

### 材料(4人分)
| | |
|---|---|
| そば(乾麺) | 150g |
| ジャガイモ | 中2個 |
| キャベツ | ½個 |
| ニンニク | 1かけ |
| モッツァレラチーズ | 1個(100g) |
| パルメザンチーズ | 50g |
| バター | 100g |
| セージ(フレッシュ) | 1パック(10〜15g) |
| 塩 | 小さじ2 |

### 作り方

1 ジャガイモは皮をむいて1.5cm角に切る。キャベツは半分に切って芯を除き、ざく切りにする。ニンニクは半分に切ってつぶす。モッツァレラチーズはさいの目に切る。

2 鍋にジャガイモとひたひたの水、塩を入れて火にかける。沸騰したらキャベツを入れ、両方に火が通るまでゆでる(目安は5分)。途中で半分に折ったそばも加え、一緒にゆでる(目安は表示時間より2〜3分短めに・写真**1**)。

3 ゆでている間にセージバターを作る。フライパンにバターとニンニクを入れて加熱し、バターが溶けて色づいたらセージを加え、フツフツとするまで弱火で熱して香りを移す。

4 2がゆで上がったら火を止め、すべてザルに上げて湯を切る。ボウルに移し、3を加えて混ぜる。最後にモッツァレラチーズ、パルメザンチーズを加えて軽く混ぜ、チーズが溶けたら完成。

5 さらに熱々にしたい場合は、4を耐熱皿に移し、パルミジャーノパウダー(分量外)をかけて(写真**2**)、200℃のオーブンで表面に焼き色がつくまで5〜10分ほど焼く。

## 「追いチーズ」でひと工夫

イタリアで「ピッツォッケリ」と呼ばれる郷土料理です。そば粉で打ったパスタをキャベツやジャガイモと一緒にいただきます。中央アジアや北ヨーロッパはそば粉の生産が盛んで、各地にそば粉の料理があります。そば粉とチーズやバターのコクは相性がいい。今回は作りやすいよう市販のそば(乾麺)を使ったレシピで作ります。

同じ鍋の湯に時間差でジャガイモ、キャベツ、そばの順に入れ、ゆで上がりが一緒になるようにします。そばのゆで時間は袋の表示より2〜3分短くします。

ゆでている間にセージバターを作ります。ゆでた食材と絡め、モッツァレラチーズ(なければミックスチーズ約100g)を溶かせば、ほぼ完成です。

この状態でいただくこともできますが、もう一工夫してパルメザンチーズで「追いチーズ」をしてオーブンで焼き、さらに熱々に。冬にぜひ試していただきたい一品です。

> **MEMO**
> キャベツは、サボイキャベツ(ちりめんキャベツ)が手に入れば、ぜひ使ってください。甘くておいしいです。なければ普通のキャベツで構いません。

スパゲティグラタン
ワサビ風味

## 食べやすい「ちょいとろ」ソース

人気のサバ缶とワサビを使った、ひと味違うグラタンを作ります。

まずはホワイトソースから。サバ缶の汁も使います。缶汁の量によって、牛乳の量を調節し、合わせて400ccになるようにします。いつも作るホワイトソースよりゆるいかな、と思う程度でも大丈夫。ちょっととろみがつく程度の軟らかいソースは、軽い食感で食べやすくなります。

次は具材を炒め、別の鍋で硬めにゆでたスパゲティとあえます。先ほどのホワイトソースは、具材と合わせる前にワサビを加えます。市販のチューブ入りのワサビなら、10cmくらい使ってOK。そこまで辛さは気になりません。お子さんがいらっしゃるご家庭など、できれば使いたくないという方は、もちろん抜いて構いません。

あとはオーブンに入れて焼くだけ！冷え込む夜に熱々のスパゲティ入りのグラタンはたまりません。

### 材料（2人分）
- サバ缶･･････････････････････1缶(160g)
- タマネギ････････････････････････½個
- マッシュルーム････････････････½パック
- スパゲティ･･････････････････････120g
- 牛乳････････････････････････360cc程度
- バター･･････････････････････････15g
- 粉チーズ･･････････････････････大さじ2
- オリーブ油････････････････････小さじ1
- 塩･･････････････････････････････1つまみ
- ワサビ･･････････････････････････適量
- A バター（室温に戻したもの）･･････15g
- A 薄力粉････････････････････････15g

### 作り方
1. **A**をボウルに入れ、泡立て器で粉っぽさがなくなるまで、よく混ぜる（写真**1**）。
2. 牛乳とサバ缶の汁を合わせて400ccにしたものを鍋に入れ、火にかけて沸かす。弱火にして**1**を加え、焦げ付かないよう泡立て器で絶えず混ぜながらゆるめのホワイトソースに仕上げる（写真**2**）。
3. 別の鍋に湯を沸かし、1％の塩（分量外）を加え、半分に折ったスパゲティを表示時間より2分短めを目安にして少し硬めにゆでる。
4. フライパンにオリーブ油を熱し、薄切りにしたタマネギとマッシュルームを炒める。しんなりしたらサバの身を加え、塩で味を調える。**3**を加え、あえる。
5. **2**にワサビを溶き入れて（写真**3**）**4**とあえる。耐熱皿に入れてバターをのせ、粉チーズをふって（写真**4**）180℃に予熱したオーブンに入れる。焼き色がつくまで15分程度焼く。

> **MEMO**
> 具材はサバ缶がなければツナ缶やサケ、鶏肉、ソーセージ、ベーコンなどに代えてアレンジ可能。

# オムナポリタン

## オムレツの成形は練習あるのみ

　卵料理といえばオムレツですが、普通のプレーンオムレツだけではもの足りないでしょう？　私の店のランチで大人気のナポリタンと合わせてみました。

　ナポリタンはタマネギ、ピーマンを先に、ベーコンとミニトマト、マッシュルームは後で入れ、塩1つまみと一緒にゆっくり炒めます。スパゲティは太めがおすすめ。通常、アルデンテにして食感を楽しみますが、ナポリタンの場合はゆですぎたかな？　と感じる程度まで軟らかくゆでてOK。

　オムレツの卵は1人あたり2個。小さめのフライパンが作りやすいです。最初は全体を大きく混ぜて半熟状に。その後フライパンを小刻みに動かして火が入りすぎないようにしながら手早く成形します。これは練習あるのみ！

　ナポリタンの上にオムレツをのせ、ナイフで開くと半熟の卵がとろり。相性は抜群です。

**MEMO**
ミニトマトのフレッシュな酸味がポイントです。

### 材料（2人分）
スパゲティ（太さ1.8mm程度）･････････160g
ベーコン（スライス）････････････････････50g
タマネギ･･････････････････････････････½個
ピーマン･･･････････････････････････････2個
ミニトマト･･････････････････････････････8個
マッシュルーム･････････････････････････3個
卵････････････････････････････････････4個
トマトケチャップ････････････････大さじ2～3
バター･･･････････････････････････････10g
オリーブ油･････････････････大さじ1と⅓
塩･････････････････････････････小さじ¼
コショウ･･･････････････････････････････少々

### 作り方
1. タマネギとピーマン、ベーコンは1cm幅に、ミニトマトは半分に切る。マッシュルームは薄切りにする。
2. 鍋に湯を沸かし、1%の塩（分量外）を加えてスパゲティを表示時間より1分長くゆでる。
3. ゆでている間に具材を炒める。フライパンにオリーブ油大さじ1を入れて熱し、1と塩1つまみを入れて炒める。火が通ったらケチャップとバターを加えて混ぜる。
4. ゆで上がった2を3に加えてあえる（P70）。
5. 半熟のふわとろオムレツを作る。ボウルに卵を割りほぐし、残りの塩とコショウを加えてよく混ぜる。
6. 小さめのフライパンに残りの油の半量を薄くひき、強めの中火で熱する。5の半量を流し込み、かき混ぜながら火を通す。全体が半熟になったら、フライパンの柄を持つ手の手首を、反対の手でトントンとたたきながら小刻みにフライパンを動かし、焼けた面で巻き込むようにしてオムレツの形に整える。残りの半量も同様に作る。
7. 4を皿に盛り、6をのせる。食卓でオムレツにナイフを入れて広げる。

# アランチーニ・ディ・リーゾ
（イタリア風ライスコロッケ）

## シチリア、ナポリで人気

　イタリアで「アランチーニ・ディ・リーゾ」と呼ばれるライスコロッケを作ります。アランチーニは「小さなオレンジ」という意味。見た目がオレンジに似ていることから名づけられたのでしょう。本場のアランチーニは野球のボールくらいの大きさですが、今回はピンポン玉より一回り大きいサイズで作ってみます。

　材料はご飯とトマトソースとチーズ、揚げるときに使う粉類や卵だけ。残りご飯を温めたものでも大丈夫。シンプルでしょう？

　ご飯は味つけし、6等分にします。モッツァレラチーズもさいの目に切って六つに分け、ご飯で包むようにしっかり丸めます。ラップを使うと作りやすいです。

　色づく程度まで揚げればできあがり。皿にもトマトソースをしいて盛りつけます。カボチャの種などを飾ってもおしゃれですよ。

### 材料（2人分）

| | |
|---|---|
| ご飯 | 茶わん2杯分（300g） |
| 卵 | 1個 |
| 小麦粉 | 適量 |
| パン粉 | 適量 |
| 塩 | 3つまみ |
| コショウ | 少々 |
| 揚げ油 | 適量 |
| A　市販のトマトソース | 大さじ4（50g） |
| 　　モッツァレラチーズ | ½個（50g） |
| 　　パルメザンチーズ粉末 | 大さじ4（25g） |

### 作り方

1　ボウルにご飯を入れ、**A**と塩、コショウを加えて混ぜる。6等分しておく。

2　さいの目に切ったモッツァレラチーズを **1** の中心に入れ、包むように丸める。計6個作る。

3　**2** に小麦粉をまぶし、溶いた卵液にくぐらせ、パン粉をつけて180℃の油でキツネ色になるまで2〜3分揚げる。

4　皿に温めたトマトソース（分量外）をしいて **3** をのせ、好みでカボチャの種（材料外）を飾りパルメザンチーズ（分量外）をふりかける。

---

**MEMO**

パン粉はうまみがしっかり閉じ込められるよう、なるべく細かいものを使うのがポイント。市販のパン粉をポリ袋に入れ、上から麺棒でたたいて細かくしてもいいですね。

夏野菜の
ボイルリゾット

## 鍋一つで手軽に

夏野菜をたっぷり取るのにイチ推しなのがこのリゾット。といっても米を炒めるのではなく、生米をゆでて作ります。野菜と一緒にゆでるので、鍋一つで手軽にできるんですよ。

用意する夏野菜はお好みで。冷蔵庫にある残り野菜も活用しましょう。今回使ったもの以外では、ブロッコリーなんかも合いますね。それぞれ食べやすい大きさに切っておきます。

ゆでるのは、まず米から。沸騰した湯に洗わずに入れます。直後だけ強火にし、米が鍋底につかないよう軽く混ぜます。

次は野菜。ここでも火の通りにくい野菜から順に時間差で加えていきます。野菜は全体的に、軟らかめにゆでるのがおすすめ。ただし、レタスだけはシャキシャキの食感を楽しみたいので最後に加え、火を通すのはごく短時間にします。

仕上げの味つけもお好みで調整を。暑い時期は、ワインビネガーで酸味を利かせると食が進みます。

### MEMO
野菜の種類は少なくてもOK。なるべく食感のあるものを1〜2種類入れるといいです。

### 材料（3人分）

- 米 ………………………………………… 1合
- ジャガイモ ……………………………… ½個
- ナス ……………………………………… 1本
- ズッキーニ、ゴーヤー ………………… 各¼本
- 空豆、オクラ …………………………… 各2本
- サヤインゲン …………………………… 2〜3本
- レタスの葉 ……………………………… 2枚
- 塩 ………………………………………… 1つまみ
- A
  - トマト ………………………………… 1個
  - ツナ缶 ……………………… 小1缶（70g）
  - オリーブ油 ………………………… 大さじ2

### 作り方

1. ジャガイモ、ナス、ズッキーニ、ゴーヤーは一口大の乱切りにし、ジャガイモとナスは水にさらす。空豆はさやから出し、薄皮をむく。オクラは長さを半分に、サヤインゲンは4等分に、トマトは8等分に切る。
2. 鍋にたっぷりの水を入れて沸騰させ、塩と米を加える。強火にして米が鍋にくっつかないよう、ときどき木ベラでかき混ぜ、沸いたら中火に戻す。
3. 米を入れて2分ほどたったら、1の野菜を火が通りにくいものから順に鍋に加える（写真1）。ゆでている間に、Aをボウルに入れてあえる（写真2）。
4. 鍋に米を入れて12分ほどたったら、ちぎったレタスを入れてサッと混ぜ、30秒ほどで火を止めてザルに上げ、しっかり湯を切る（写真3）。
5. 3のボウルに4を加えて混ぜ、塩（分量外）やコショウ、ワインビネガー（いずれも材料外）などで味を調える。器に盛り、好みでオリーブ油（分量外）を回しかける（写真4）。

# パンツァネッラ

（パンと野菜のサラダ トスカーナ風）

## ワンプレートで大満足！

トスカーナ州で「パンツァネッラ」と呼ばれる伝統料理をご紹介します。パンと野菜が一緒に食べられてワンプレートで満足できる一品です。

時間がたって硬くなったパンでもおいしく食べられるよう、水につけてふやかして使います。もちろん最初から軟らかいパンを使っても作れます。

ふやかしたパンは固く絞って、十分水気を切ってください。ポロポロにほぐして、おからのような状態にします。ペーパータオルで水分を取っても構いません。塩もみしてしんなりした野菜も同様に水気をふきます。ここでそれぞれの水気をしっかり取っておかないと、合わせたときに水っぽく、味がぼやけたサラダになってしまいます。

普通はパンと野菜だけなのですが、今回はツナとオイルサーディンなどを加えてあえました。どちらか一つでもOK。最後の味つけはオリーブ油とワインビネガーをたっぷりと。赤ワインビネガーは果実味があって深みのある味わい、白ワインビネガーだとすっきりとした酸味になります。

II PRIMO PIATTO PASTA, RISOTTO, GNOCCHI
パスタ、リゾット、ニョッキ

### 材料（4人分）
バゲット······························中½本
キュウリ······························1本
セロリ································1本
紫タマネギ····························1個
トマト································1個
オリーブ（緑色）······················14個
A ┃ ツナ·························1缶(140g)
　 ┃ オイルサーディン·················1缶
　 ┃ オリーブ油······················大さじ3
　 ┃ 赤ワインビネガー················大さじ2
　 ┃ 塩······························小さじ1

### 作り方
1 バゲットは適当な長さに切り、たっぷりの水を入れたボウルに浸して、軟らかくなるまで十分にふやかす。
2 キュウリは乱切り、セロリは斜め切りに、紫タマネギは繊維に沿って切る。それぞれ塩小さじ⅓ほどを使って軽く塩もみし、しんなりさせる。ツナ缶は汁を切っておく。
3 オリーブは半分に切る。トマトは湯むきして食べやすいさいの目状に切る。
4 1を固く絞って大きめのザルに入れてほぐし、おからのような状態にする。ボウルに移し、2の水分をペーパータオルでしっかり取って3を加えて混ぜる。Aを加えてさらにあえる（写真1、2）。
5 4を器に盛り、あればバジルの葉（材料外）を飾る。

### MEMO
ブロッコリーなどお好みの野菜でアレンジも可能です。

1

2

# パッパ・アル・ポモドーロ

(パンのトマトがゆ)

### 材料(4人分)
| | |
|---|---|
| バゲット | 中½本 |
| ニンニクのみじん切り | 1かけ分 |
| 赤唐辛子 | 1本 |
| オリーブ油 | 大さじ2 |
| トマト缶(ダイスカット) | 2缶(800g) |
| 塩 | 少々 |
| バジルの葉 | 適宜 |
| 黒コショウ | 適宜 |

### 作り方

1 たっぷりの水を張ったボウルに、大きめの一口大にちぎったバゲットを入れて5分ほどふやかす(写真**1**)。

2 鍋にニンニクとオリーブ油を入れて弱火にかける。ニンニクが色づいて香りが立ったら赤唐辛子を加え、辛みや風味を好みの状態まで引き出す。トマト水煮缶の中身と、缶の内側をゆすいだ少量の水を加える。

3 1をザルに取って水気を軽く絞り(絞りすぎない)、2に加える。沸騰したら弱火にして塩を加え、木べらでバゲットをつぶしながら(写真**2**)10~15分、どろっとしたペースト状になるまで煮る。

4 味をみて足りなければ塩(分量外)で調整し、火を止める。皿に盛ってバジルを飾り、オリーブ油(分量外)を回しかけ、好みで黒コショウをふる。

## 朝ごはんにぴったり

パッパ・アル・ポモドーロはイタリア・トスカーナ州でよく食べられる、まさに「マンマ(お母さん)の料理」です。この地域のパンは塩を使っていなくて、生ハムなど塩気があるものをはさんで食べるのにちょうどいい。でも、硬くなりやすいのが難点です。そこで、硬くなったパンを軟らかく煮て、おいしく食べられるよう考え出されたのが、この料理。パンはバゲットのようにシンプルなものを使いましょう。

パンは水でふやかし、その間にトマトソースを作ります。唐辛子は焦げやすいのでニンニクとオリーブ油の後で加え、先に取り出します。

ソースができたら水気を軽く絞ったパンを加え、かゆ状になるまで煮ます。煮詰まってしまったらお湯を足したり、トマトの角切りを加えたり。味が薄いときは、塩やトマトジュースを加えて調えましょう。

日本人はびっくりするレシピですが、一度食べるとはまります。朝ご飯にもおすすめです。

> **MEMO**
> 辛いものが好きな人は唐辛子の種を取って刻んでから投入。苦手な人は1本そのまま入れ、早めに取り出しましょう。

Il PRIMO PIATTO PASTA, RISOTTO, GNOCCHI
パスタ、リゾット、ニョッキ

# ローマ風クロスティーニ

## 材料（3人分）
| | |
|---|---|
| バゲット | 小1本 |
| モッツァレラチーズ | 2個（200g） |
| 生クリーム | 200cc |
| アンチョビ（フィレ） | 大2枚 |
| | （ペーストなら大さじ1） |

## 作り方
1. バゲットは小さめの一口大に切ってグラタン皿に並べる。
2. モッツァレラチーズは表面の水気をふいて幅1cm程度の半月切りにし、**1**にのせる。生クリームの半量を注ぎ（写真**1**）、200℃のオーブン（予熱あり）で10分程度、チーズがとろけるくらいまで焼く。オーブンがない場合は、トースターで焼いてもよい。その場合は焦げないように表面をアルミホイルで覆う。
3. その間にアンチョビソースを作る。アンチョビを刻み、小鍋に残りの生クリームと一緒に入れて中火にかける（写真**2**）。沸騰したら弱火にし、アンチョビを溶かして、火を止める。
4. **2**の上に**3**をかける。

## うまみと塩気のバランスが絶妙

クロスティーニは、イタリア料理のアンティパスト（前菜）で「小さなトースト」という意味です。薄切りにしたバゲットを焼くのが一般的ですが、今回はちょっとアレンジして、グラタン皿に入れて焼くレシピをご紹介します。

バゲットは一口大に切ってグラタン皿に並べます。内側には何もひかなくて大丈夫。モッツァレラチーズは表面の水気をふいてから切り、バゲットにのせていきます。ちぎってのせてもいいでしょう。グラタン皿に生クリームの半量を注ぎ、バゲットがひたるようにしてオーブンへ。チーズがとろけるくらいまでこんがり焼きます。

その間にソースを作ります。アンチョビは瓶入りで身の厚いものがおすすめ。粗く刻んでください。生クリームに溶かして、焼いたバゲットの上にかけます。

焼いたバゲットの香ばしさとモッツァレラチーズのまろやかさ、アンチョビのうまみと塩気のバランスが絶妙です。満足度の高い一皿。熱々のうちにお召し上がりください。

II PRIMO PIATTO PASTA, RISOTTO, GNOCCHI
パスタ、リゾット、ニョッキ

> **MEMO**
> アンチョビはペーストで代用するなら量は大さじ1程度で。

日髙さんがイタリアで教わった
とても軽く仕立てた
ジャガイモのニョッキ

## 材料 (2人分)

- ニョッキ……………………下記のできあがり全量
- 塩(ゆでる際に使用するもの)……お湯に対して1%
- フルーツトマト………………………………2個
- トマトジュース………………………………100ml
- オリーブ油………………………………………適量
- 塩………………………………………………適量
- バジル、パルメザンチーズ……………………適量

### ニョッキの材料

- ジャガイモ……………………………………300g
- 卵黄………………………………………………1個分
- 中力粉……………………………………………30g
- ナツメグパウダー………………………………少々
- パルメザンチーズ………………………………20g
- 塩………………………………………………適量

## 作り方

1. ジャガイモを丸ごとゆで、熱いうちにつぶし(写真1)、ボウルに入れる。中力粉をふるいにかけながら加え、へらなどでざっくり混ぜ、ナツメグを加える。生地が冷めたら卵黄、パルメザンチーズ、塩を加えて混ぜる(写真2)。台に取り出し、軽く手でこねてなめらかな生地にする。

2. 1の生地に打ち粉(分量外)をして切り分け、直径1cm弱の細長い棒状にし(P84)、2cm幅くらいに切る。指でつまみくぼみをつけ、反対側の側面をフォークの上で転がし、筋目をつける(P86,87)。鍋に湯を沸かし、塩を入れ、ニョッキをゆでる。浮いてきたらゆであがりの合図(写真3)。

3. フライパンにトマトジュースを入れ、オリーブオイルとカットしたフルーツトマト、塩を入れさっと煮る(写真4)。バジルを手でちぎっておく。

4. 3に2を入れ(P88)、絡めたらバジルを入れ、オリーブ油とパルメザンチーズをあえて盛りつける(P90)。

## 驚くほど軽い食感

イタリアで修業時代に恩人のナディアさんがまかないで作ってくれたニョッキを作ります。はじめて食べたとき、ものすごく口どけが軽く、衝撃を受けました。ニョッキを軽く仕上げるコツは小麦粉の量を少なめにすること。

では、ニョッキを作ります。ジャガイモはゆでてなめらかになるまで潰すか、裏ごしをします。マッシャーを使ってもよいです。

材料をこねて、まとまったら棒状にし、2cm幅にカットします。ナディアさんのまかないではそのままゆでたものでしたが、フォークの背で軽く筋目を入れると、くぼみと筋にソースが絡まってよりおいしくいただけます。

ニョッキをゆでます。お湯はぐらぐら沸騰させないでください。ゆっくり、ふつふつとゆでましょう。入れた直後は沈みますが、浮いてきたらゆで上がりのサイン。あとは用意していたソースにさっと絡めるだけ。

ジャガイモとトマトのおいしさがギュッと詰まった料理です。ぜひ、お試しください。

---

**MEMO**

つぶしたジャガイモとあえるとき、熱すぎると卵黄が固まってしまうので、ご注意ください。

---

II PRIMO PIATTO PASTA, RISOTTO, GNOCCHI
パスタ、リゾット、ニョッキ

# III

## ANTIPASTO, ZUPPA

前菜、スープ

# 魚の
# カルパッチョ

### 材料（2人分）
刺身盛り合わせ……………………小1パック
（マグロ、ハマチ、サーモンなど）
赤タマネギ……………………………………適量
ハーブ…………………………………………適量
（今回はミョウガ、カイワレダイコン、パセリ）
オリーブ油……………………………………適量
塩………………………………………………適量

### カルパッチョソース（トマトマスタード）
フルーツトマト………………………………2個
粒マスタード……………………大さじ1（15g）
オリーブ油………………………大さじ1（15g）
塩………………………………………………適量

### 作り方
1 赤タマネギを薄くスライスする。フルーツトマトの皮は湯むきし、種を除いて小さめの角切りにする。
2 まな板にラップを敷き、間隔をあけて刺身を並べ、上にラップをかぶせて密着させる。普通にたたくとつぶれるので手のひらで軽くのばすようにやさしくたたく（写真 1 ）。厚さを1mmほどの薄さにする。エビは厚みがある場合は背を開く。
3 ラップを外し、重ならないように皿に並べ（写真 2 ）、塩をふる。
4 カットしたフルーツトマト、塩、粒マスタードを混ぜ、オリーブ油を加えてさらに混ぜる（P94）。
5 3に4のソースをかけ赤タマネギとミョウガ、カイワレダイコン、パセリをちらし（P95）、オリーブ油を適量回しかける。

## いつもの刺身が大変身！

　刺身の盛り合わせを使ったカルパッチョを作ります。
　イタリアでカルパッチョといえば牛フィレの生肉。今では生魚を使ったカルパッチョを出すところがありますが、日本では魚のイメージが強いので、この話をすると驚かれます。
　今回はスーパーで入手しやすい刺身の盛り合わせを使います。柵の場合は一切の幅を2mm程度にスライスしてください。
　カルパッチョは素材を薄くして、平たく盛りつける料理です。刺身をラップではさみ、肉たたきでたたきます。肉たたきがない場合は、手でOK。
　付け合わせの野菜はお好みで。今回使った赤タマネギは辛みがアクセントになるので水にさらしません。ほかにはラディッシュを薄く切ったり、スプラウトなどを散らしたり。お好みで味や彩り、食感をたのしんでみてください。

> **MEMO**
> カルパッチョソースの分量はあくまでも目安です。魚の量に応じて増減させてください。

## ジャガイモが主役

ジャガイモを使ったフリッコはイタリア北部、山岳地帯の家庭料理です。材料は二つ。シンプルですがおいしいので、ぼくの店でも大人気メニューです。

ジャガイモはたっぷりの湯でゆで、チーズおろし器ですりおろします。なければマッシャーなどでつぶしてください。完全につぶす必要はありません。大小のかけらが残ってもそれがおいしい。

店では数種類のチーズを混ぜていますが、家庭ではピザ用チーズなどで大丈夫。うまみを増したいときは、パルメザンチーズを少し加えるとよいでしょう。

フッ素樹脂加工など焦げ付かないフライパンを使って焼いていきます。油は必要ありません。チーズが溶けてジャガイモとくっつき、まとまってきます。裏返したときに形が崩れても焦らないで。生地は軟らかいので、すぐに丸い形に戻すことができます。フライパンを揺すりながら何度か裏返します。「表面カリカリ・焼き色こんがり」で、生地のふちでプチプチと油の音が聞こえたら完成です。

### MEMO
強火で一気に火を入れるのではなく、じっくり少しずつ火を入れることで中がとろっと仕上がります。

# フリッコ

### 材料（2人分）
ジャガイモ……………………中1個(100g)
ピザ用チーズ………………………………100g
（数種類が混じったタイプがおすすめ）

### 作り方
1 ジャガイモは皮付きのままゆでるか蒸す。やわらかく火が通れば皮をむき、チーズおろし器などですりおろす。おろし金でもよい。どちらもなければマッシャーもしくは麺棒でつぶす（写真**1**）。
2 フッ素樹脂加工のフライパンに1とチーズを入れ（写真**2**）、中火にかける。混ぜ続けて徐々にくっつけていく（写真**3**）。
3 チーズが溶けてパンケーキのようになるので、形を丸く整え、絶えずフライパンを揺すりながら何度か裏返して中弱火で5〜6分かけてじっくり焼く。表面がカリカリになってこんがり焼き色がつき（写真**4**）、生地のふちで油の泡がプチプチはじけるようになったら完成。

# ポルペッティのスープ

## 材料(4人分)
- 長ネギ……………………………1本
- ブイヨン……………………………1ℓ
- オリーブ油…………………………適量
- 黒コショウ…………………………適量
- A
  - 合いびき肉………………………400g
  - 卵…………………………………1個
  - パン粉……………………………50g
  - パルメザンチーズ………………40g
  - 牛乳………………………………50cc
  - 塩…………………………………5g弱

## 作り方
1. ボウルに **A** を入れて粘りが出るまでよく混ぜる。直径3cm程度の団子状に丸める(写真**1**)。
2. ネギは斜め薄切りにする。
3. 鍋にブイヨンを入れて沸騰させ、**1**と塩少々(分量外)を加えて火を通す。アクが出てきたら取り、**2**を加える(写真**2**)。
4. ひと煮立ちしたら器に盛り、仕上げに分量外のパルメザンチーズとオリーブ油、黒コショウをふる。

## マンマの手料理

ポルペッティはイタリア版ミートボールです。炒めタマネギは入れませんので、ハンバーグとは違った食感が楽しめます。

今回用意したのは牛と豚が3対7の合いびき肉。鶏や大豆ミートに代えてもOKです。粗びき肉で食感に変化をつけてもいいですね。塩の割合は肉の重量の1.2%。分量を変えて作るときも、これだけは守ってください。

パルメザンチーズはうまみを増すために加えます。和食でいえばカツオ節、うまみ調味料の役割を果たしてくれます。

粘りが出るまで手でよく練り、直径3cmほどに丸めます。手のひらに油を塗りながら丸めると、肉がくっつきにくくなります。

左右の手で数回キャッチボールしながら空気を抜き、表面をなめらかに仕上げましょう。凸凹があると、そこから崩れやすくなります。

代表的なマンマの手料理、味わってみてくださいね。

### MEMO
肉団子は素揚げしてコクを出したり、トマトソースで煮たり、白ワインや砂糖、ワインビネガーで甘酸っぱく味つけしたり……と、アレンジも自在です。

# アクアコッタ

**材料（4人分）**

- タマネギ･･････････････････中1個
- セロリ･･････････････････････1本
- トマト缶（ホール）･･･････1缶（400g）
- 卵･･････････････････････････4個
- バゲット（スライスしたもの）･･･････4枚
- 野菜ブイヨン････････････････400cc
- オリーブ油･････････････････大さじ1
- 粉チーズ････････････････････適量
- バジルの葉･････････････････適宜

**作り方**

1. タマネギは2等分し、繊維を断つように切る。セロリは太い部分に何本か切り込みを入れ、1cm幅程度の小口切りにする。
2. セロリの葉はざく切りにする。
3. 深めのフライパンにオリーブ油をひいて **1** を入れる。甘みを出すようにじっくり炒め、**2** を加えて炒める。トマトをつぶしながら加えて煮る。ブイヨンを加えてフタをし、中弱火で40分ほどじっくり煮る。バジルの葉をちぎって加え、混ぜる。
4. 卵を **3** の表面の4カ所に離して割り落とし、フタをして火を止める。余熱でほんのり卵に火を入れる（火が通りすぎないように）。
5. バゲットを焼き、皿に敷く。上から **4** をかけ、粉チーズとオリーブ油（分量外）を回しかける。

## イタリアの庶民の味

　アクアコッタは「水で煮る」という意味です。イタリア・トスカーナ地方の郷土料理で、野菜を煮込んで卵を割り入れただけのスープですが、庶民の味として親しまれています。

　タマネギは繊維を断つようにして薄切りに。セロリの筋は取らなくて大丈夫。葉もざく切りにして使います。タマネギとセロリの白い部分を先に、甘みを出すようにじっくり炒めていきます。葉は後で加えて香りを出します。

　缶詰のホールトマトは、つぶしながら加えます。ブイヨンを加えたらフタをして、40分ほど煮ます。卵を落とし、フタをして火を止め、余熱でほんのり卵に火を入れましょう。

　バゲットを4枚の皿に1切れずつ敷き、スープを注いで上から粉チーズとオリーブ油をかければできあがり。スープを吸ったバゲットでおなかも満たされます。

**MEMO**
もっとお手軽にしたければ、ダイスカットのトマト缶を使ってもかまいません。

# カポナータ シチリア風

III ANTIPASTO, ZUPPA 前菜、スープ

### 材料（2人分）
- ナス･････････････････4本
- セロリ････････････････1本
- タマネギ･･･････････････½個
- バジルの葉････････････1枝分
- オリーブ油････････････大さじ1
- 塩･･････････････････少々
- 揚げ油･･････････････適宜
- A
  - ケッパーの酢漬け･･････大さじ1
  - トマト缶（ダイスカット）･･½缶（200g）
  - 白ワインビネガー･･････大さじ1
  - グラニュー糖････････････10g

### 作り方

**1** ナスは4等分の太い輪切りにし、水にサッとさらしてアク抜きをして水気をふく。揚げ油を170～180℃に熱し、濃いキツネ色になるまで3～4分素揚げする。

**2** セロリは幅1cmの輪切りにし、分量外の塩を入れた湯で2分、下ゆでする。タマネギは1cmの角切りにする。

**3** 鍋にオリーブ油、タマネギを入れて火にかけ、弱火でじっくり炒めて甘みを出す。

**4** 1とセロリを加えて混ぜ、塩と**A**を加えて味を調える。1～2分煮てバジルの葉を加え、火を止める。フタをして、そのまま10分ほど休ませると味がなじむ。

## ナスのうま味が凝縮

　カポナータはシチリアの伝統的な家庭料理です。白ワインビネガー（なければ普通の酢）と砂糖で味つけし、甘酸っぱく仕上げます。シチリアの名産・ナスをメインに、夏野菜をたっぷり使いましょう。

　ナスは大きめに切ってからじっくり素揚げに。焦がしそうになるくらいまで揚げます。味が凝縮し、形崩れしにくく、煮込んだときにコクも出ます。油を控えたいならばオーブンで焼いてもいいでしょう。

　できたてより一度冷まして食べるのがおすすめです。レーズンや松の実、砕いたアーモンドなどを加えれば食感に変化が出ます。

　パンにはさんでサンドイッチにしたり、パスタにあえたりしてもおいしく、お子さんや野菜が苦手な方にもおすすめです。

---

**MEMO**

野菜はほかにパプリカやズッキーニなども合います。野菜だけでもの足りないなら鶏肉や魚介類を加えると、より主菜っぽくなります。

# 豆腐とズッキーニのパルミジャーナ

### 材料（2人分）
- 木綿豆腐・・・・・・・・・・・・・・1丁
- ズッキーニ・・・・・・・・・・・・・1本
- 粉チーズ・・・・・・・・・・・・大さじ2
- 市販のトマトソース・・・・・・・・150g
- 塩・・・・・・・・・・・・・・・2つまみ
- 揚げ油・・・・・・・・・・・・・・・適量

### 作り方
1. 木綿豆腐は重しをして厚さが半分になる程度まで水切りし、一口大に切る。ズッキーニは縦半分に割り、2cm幅に切る。
2. 揚げ油を熱して 1 を素揚げして、それぞれ軽く塩をふる。
3. グラタン皿にトマトソースの半量をしき、2 を並べる。上から残りのトマトソースをかけ、粉チーズをかける。
4. 3 を予熱した200℃のオーブンで表面に焼き色がつくまで5〜10分焼く。

> **MEMO**
> 急ぐときは豆腐の代わりに、水切りや素揚げの必要がない厚揚げを使ってもいいですね。

## 酸味とコクで豆腐の新しい世界を

　パルミジャーナは、南イタリアで愛されている料理です。「パルマ風」「パルマ人風」という意味で、チーズのパルミジャーノ・レッジャーノとは違います。揚げたナスなどとトマトソース、チーズを重ねて焼くのですが、さらに豆腐を加えてみたのが、この一品。イタリア料理にも豆腐は活用できるんですよ。

　木綿豆腐は重しをして、厚さが半分程度になるまで水切りします。結構時間がかかるので、この作業だけは早めにしておいてください。だいたい縦三つ、横四つくらいに切れば、一口大の角切りになるでしょう。

　今回は定番のナスに代えて、ズッキーニを使ってみました。豆腐と一緒に、こんがり色づく程度に素揚げします。

　市販のトマトソースは半量をグラタン皿にしき、残りはズッキーニや豆腐の上からかけます。粉チーズはパルミジャーノ・レッジャーノがおすすめですが、手に入らなければ他の粉チーズで構いません。

　トマトの酸味、パルミジャーノのコクと香りで、豆腐の新しい世界が開けるかもしれません。洋風のレシピで、ぜひおかずのレパートリーを増やしてください。

# 鶏ゴボウとトマトのチーズ鍋

III ANTIPASTO, ZUPPA
前菜、スープ

## 材料（3人分）

| | |
|---|---|
| 鶏もも肉 | 中2枚 |
| ゴボウ | 中1本 |
| プチトマト | 20個 |
| セリ | 1束 |
| モッツァレラチーズ | 2個（200g）|
| 固形コンソメ | ½個 |

### 作り方

1. 鶏肉はぶつ切りにして軽く塩（材料外）をふる。プチトマトはできれば湯むきする。ゴボウは洗ってささがきにする（水にはさらさない）。セリはざく切りにする。
2. 鍋に水800ccとコンソメ、鶏肉、ゴボウを入れて火にかけ、鶏肉に火が通るまで煮る。
3. トマトを加え、ひと煮立ちしたら火を止める。セリと一口大にちぎったモッツァレラチーズをのせていただく。

### 《締めの味変》

#### 材料

| | |
|---|---|
| 生クリーム | 大さじ2 |
| みそ | 大さじ1 |
| ご飯 | 茶わん軽く2杯 |
| 万能ネギ | 適宜 |

#### 作り方

スープを500ccほど残しておいた鍋に生クリーム、みそ、ご飯を加えてサッと煮る。仕上げに小口切りにした万能ネギをちらす。

## 鶏鍋を「味変」　生クリーム加えリゾットに

　ぼくが懐かしく思い出す鶏のだしは、子どもの頃に味わった鶏肉とゴボウとセリを使った野趣あふれるお吸いもの。あの味をイタリアンで再現したいと考えた鍋をご紹介します。
　ゴボウと鶏の味が最大の調味料です。ゴボウと鶏肉を水からゆっくり煮ることでうまみが出るので、コンソメは少量でOK。トマトを入れて煮立ったら火から下ろします。セリやモッツァレラチーズは最後に。セリの根は一番香りがあるので捨てずに必ず入れてください。余熱で火を通します。チーズは短時間でトロリとさせるだけ。しゃぶしゃぶをする感じでいただきましょう。
　残ったスープは、味変してリゾットにします。水と必要ならコンソメ少量を足し、チーズと相性抜群のみそや生クリーム、ご飯、万能ネギを加えます。お好みでバターやオリーブ油、パルメザンチーズを加えてもおいしいですよ。

> **MEMO**
> ゴボウのささがきは水にさらすとうまみや栄養分がなくなるので、さらさないで。

# 大豆と鶏ささみのスープ

## ヘルシーでやさしい味

　レンズ豆やウズラ豆、インゲン豆、イタリアで「チェチ」と呼ばれるヒヨコ豆……豆を使ったスープはイタリア全土で親しまれています。日本では、植物性たんぱく質といえば大豆ですよね。今回は大豆と鶏ささみを合わせ、たっぷりたんぱく質がとれるスープを作りました。

　乾燥大豆は水につけて戻した後、一口大に切った野菜と一緒に鍋に入れ、ゆでます。大豆は指で軽くつまんでつぶれるくらいまで軟らかくゆでます。ゆでている間、水が途中で減ってきたら足して、常に「ひたひた」より多めの量に保ちます。水でなくブイヨンを使うと手軽にコクのある味になります。

　ゆでていた鍋でささみに火を通し、一口大に切ります。大豆は食感を楽しむため半量を取り出し、残りをミキサーにかけます。すべてを合わせて再度火にかけ、味を調えて完成です。

　ヘルシーであっさりしたスープは、夜食などにぴったり。ゆでたパスタと合わせるのもおすすめです。

### 材料（4人分）

| | |
|---|---|
| 乾燥大豆 | 150g |
| 鶏ささみ | 4本(200g) |
| セロリ | 小1本 |
| ニンジン | 小½本(60g) |
| ジャガイモ | ½個 |
| トマト | ½個 |
| タマネギ | ¼個 |
| オリーブ油 | 大さじ1 |
| 塩 | 2つまみ |
| イタリアンパセリ | 適宜 |
| 粗びき黒コショウ | 少々 |

### 作り方

1 大豆は水に6～8時間つけ、水気を切る。野菜はすべて一口大に切る。

2 鍋に1とかぶるくらいの水を入れ、大豆が軟らかくなるまで1時間ほどゆでる。水が減ってきたら足し、常に「ひたひた」より多めの量にする。

3 大豆が軟らかくなったらささみを加え、2分ほど火を通す。ささみを取り出し、一口大に切る。大豆も半量をボウルなどに取り出す。鍋の残りはすべてミキサーにかけ、なめらかにする。

4 3をすべて鍋に戻して火にかけ、塩で味を調える。

5 器に注いでオリーブ油を回しかけ、刻んだイタリアンパセリをのせて黒コショウをふる。

---

**MEMO**

乾燥大豆を戻す時間がないときは、缶詰やパウチ容器で売られている大豆を使っても構いません。

## ナメコとトマトの卵スープ

### 夜食にぴったり

　ちょっと小腹がすいたな、というときにうれしい、胃腸に負担がかからないスープを考えてみました。

　イメージした味は中華料理の酸辣湯（サンラータン）（酢の酸味と唐辛子やコショウの辛みを利かせたスープ）ですが、今回は辛みはナシで。夜食にもなるのでご飯を少し加えています。もちろん、省いても構いません。

　鍋でブイヨンを沸かします。沸騰したら最初にナメコ、次にご飯と一口大に切ったトマトを加えます。

　再度沸騰してから溶き卵を回し入れます。卵はふんわり大きく仕上げたいので、混ぜすぎて細かくしないようにしてください。味をみて足りないようなら、塩やコショウなどお好みの調味料を加えて。最後に加える酸味も、私は赤ワインビネガーを使いましたが、お好みで大丈夫です。

　ナメコのとろみで冷めにくいので、しっかり体が温まります。

### 材料（2人分）

| | |
|---|---|
| 卵 | 2個 |
| ナメコ | 1袋（100g） |
| トマト | 1個 |
| ご飯 | 茶わん½杯分 |
| ブイヨン | 400cc |
| 赤ワインビネガー | 大さじ1 |

### 作り方

1. トマトはヘタを取り、一口大に切る。
2. 鍋にブイヨンを入れ、火にかける。沸騰したらナメコを加える（写真**1**）。
3. 2にご飯と1を加え（写真**2**）、再度沸騰したら溶き卵を回し入れる。
4. 塩（材料外）などで味を調え、最後に赤ワインビネガーを加える。

**MEMO**

私は野菜からブイヨンを取っていますが、家庭では市販の粉末やキューブ状のブイヨンを溶かして利用すると簡単です。

# IV

## PIATTO DELLA CASA
## DI CHEF HIDAKA

日高シェフの
おうちごはん

手羽中のグリル
モッツァレラチーズのピカタ

## 手羽中のグリル

材料（2人分）

| | |
|---|---|
| 鶏手羽中 | 14本 |
| ナンプラー | 小さじ2 |
| オリーブ油 | 小さじ½ |
| 一味唐辛子 | 適量 |

作り方

1 手羽中にナンプラーをふりかけ（写真**1**）、10分程度おく。
2 1の表面にオリーブ油をまぶす。トースターまたは魚焼きグリルで15分ほど焼く。お好みで一味唐辛子をふる。

**MEMO**
ナンプラーがないときは、塩こうじでも代用できます。

## モッツァレラチーズのピカタ

材料（2人分）

| | |
|---|---|
| トマト | 小1個 |
| モッツァレラチーズ | 1個（100g） |
| 卵 | 1個 |
| バゲット薄切り | 4枚 |
| オリーブ油 | 大さじ1 |
| 小麦粉 | 適量 |

作り方

1 トマトはヘタをくりぬく。モッツァレラチーズはキッチンペーパーで包んで水気を取る。それぞれ4等分の輪切りにする。
2 トマトの断面（両方）に小麦粉をつけ、オリーブ油の半量を入れて熱したフライパンで色がつくまで両面を焼き取り出す。
3 モッツァレラチーズに小麦粉、溶き卵の順に衣をつける。2のフライパンに残りのオリーブ油を入れて熱し、強火でサッと焼く（写真**2**）。裏返したらすぐ火を消す。
4 皿にバゲット、2、3の順に重ね、あればパセリ（材料外）をちらす。

**MEMO**
トマトは、あまり熟していない硬めのほうが扱いやすいです。

## 簡単でおいしい！　ヘビロテ必至！

　ぼくが家でいつも作っている、本当に簡単な2品をご紹介します。ビールだけでなくワインや日本酒も進むおつまみです。
　「手羽中のグリル」は、ナンプラーとオリーブ油を軽く漬けて焼くだけ、と超簡単。皮目を上にしてパリッと焼きましょう。トースターがないときは魚焼きグリルでもおいしくできます。焼き時間はご家庭で調節してください。
　「モッツァレラチーズのピカタ」はトマトを輪切りにして小麦粉をつけ、サッと焼きます。チーズも小麦粉と卵液をまとわせて、フライパンで焼きます。片面が色づくまで焼き、裏返したらすぐに火を止めます。衣をつけないとすぐ溶けてしまいます。皿に薄切りのバゲット、トマト、チーズの順に重ねてパセリをちらせば完成。
　温かくミルキーなモッツァレラチーズが口の中でとろけます。

# 切り干しダイコンとツナのユズマヨあえ

## 材料（2人分）
- 切り干しダイコン（乾燥）……………15g
- ツナ缶……………………………1缶(70g)
- ユズの皮…………………………………½個分
- A
  - 赤ワインビネガー（または酢）…大さじ1と½
  - 塩……………………………………2つまみ
- B
  - ユズの搾り汁……………………………½個分
  - オリーブ油………………………大さじ1と⅓
  - マヨネーズ……………¼カップ(50g程度)

## 作り方
1. 切り干しダイコンは水で10〜15分戻してザルに上げ、熱湯をざっと回しかけて粗熱を取る。水気をしっかり絞り、食べやすく切る。ツナ缶は汁を切る。
2. ボウルに1を入れて合わせ、Aを加えて混ぜる。次にBを順に加え（写真1）、さらに混ぜる。
3. 全体がなじんだらユズの皮をおろし金ですって入れ（写真2）、器に盛る。さらに上からユズの皮をちらしてもよい。

## ぼくのマイブーム、教えます

イタリアンのシェフが乾物を使うの？とお思いの方もいらっしゃるかもしれません。実は少し前から乾物にハマって「洋」の味つけでも使える食材だと実感しました。ご家庭で作れる料理をいろいろ考えて、レシピブックも出版しました。

今回は切り干しダイコンを使ったマヨネーズあえをご紹介します。カルシウムや鉄分が効率よく摂取できる切り干しダイコンを、煮物にしか使わないのはもったいないですよ！

切り干しダイコンは食感のよさがポイント。水で戻すときは短時間（10〜15分程度）で大丈夫です。あまり長い時間水にさらすと、風味や食感が損なわれてしまいます。熱湯を回しかけて粗熱を取った後は、水気をしっかり絞ること。ツナを合わせた後に味つけしますが、ワインビネガー（なければ酢）と塩を先になじませると味が締まります。

最後にちらすユズの皮がいいアクセントになって、さっぱりといただけます。切り干しダイコンはトマトソースで煮てもおいしいです。もっと普段の食卓に活用しましょう！

### MEMO
ユズがなければレモン、スダチ、カボス、青ユズなどでも代用可。

IV Piatto della Casa di Chef Hidaka 日高シェフのおうちごはん

## 味つけはマヨネーズだけ

イタリアンでもツナ缶やホールトマト缶などは活用していますが、今回使うのはぼくのマイブーム「サバ缶」です。カルシウムを筆頭に良質の脂質やビタミンDなどを含み、栄養価が高いことでも人気です。

家庭では煮物やカレーなどに使われることが多いようですが、今回はパンと一緒に。

パンの種類はお好みで。あらかじめオーブントースターで温めておきます。バゲットは薄切りにしてオープンサンドに、厚みのあるフォカッチャは包丁で深く切り込みを入れ、具材をはさめるようにします。

サバと合わせる具材は、アボカドとゆで卵。サバは身が大きければ骨に沿って割り、パンにのせやすい（はさみやすい）大きさに。サバ、ゆで卵、アボカドは混ぜすぎないで。ある程度形を残す方が見た目がきれいで、味にもメリハリが出ます。味つけはマヨネーズだけで十分です。ワインのおつまみにもピッタリの一品ですよ。

# サバ缶で
# お手軽
# サンドイッチ

### 材料（2人分）
サバ水煮缶……………………1缶（160g）
好みのパン…………それぞれ8cm程度、2個
（ここではバゲット、フォカッチャを使用）
アボカド………………………………1個
ゆで卵…………………………………2個
マヨネーズ………………………大さじ3

### 作り方
1 パンはオーブントースターで温める。フォカッチャのように厚みのあるパンは、包丁で横に深く切り込みを入れる。バゲットは薄切りにする。
2 アボカドは半分に割って皮と種を取り、幅1cmに切る。ゆで卵は縦半分に切った後、5〜6mm幅に切る。
3 ボウルに 2 とマヨネーズを入れ（写真 1 ）、大きめのスプーンなどで軽くひと混ぜする。
4 サバの身は缶汁を切って 3 に加え（身が大きければ、骨に沿って適当な大きさに割る）、サッとあえる。
5 4 を 1 にはさむ（写真 2 ）、もしくはのせる。

**MEMO**
ピクニックにすべての具を別々に持っていき、食べるときにその場でサンドしても。トマトや薄切りタマネギなどをはさんでもおいしいです。

## モッツァレラ・イン・カロッツァ
（チーズとアンチョビのホットサンド）

### トースターで手軽に

　育ち盛りのお子さん用に塾や習いごとの前にちょっとつまめて、栄養もあるおやつごはんを考えました。

　「モッツァレラ・イン・カロッツァ」はナポリなどの南イタリアでよく食べられているホットサンドです。とろけるモッツァレラチーズがたまらない一品です。本来は衣をつけて油で揚げ「揚げパン」にするのですが、今回は手軽にトースターで焼いて作ります。

　味のポイントとなるのはアンチョビ。できれば瓶詰で売られていてフィレの形がきれいなものがうまみも強く、おすすめです。輪切りにしたモッツァレラチーズは必ず、パンにのせる前に水気をしっかりふいておきます。

　チーズ、アンチョビ、バジルの順に重ね、パンではさみます。焼く前に手で上から押さえておくと、溶けたチーズではがれにくくなります。

　簡単でサッと作れて、味も抜群。冷めてもおいしいです。もちろん、大人のワインのお供にもピッタリですよ。

### 材料（2人分）
食パン（8枚切り）・・・・・・・・・・・・・・・・・・・・・・・・4枚
モッツァレラチーズ・・・・・・・・・・・・・・・・・・・1個（100g）
アンチョビ（フィレ）・・・・・・・・・・・・・・・・・・・・・・4枚
バジルの葉・・・・・・・・・・・・・・・・・・・・・・・・・・大4枚

### 作り方
1　モッツァレラチーズは水気を切り、1cm幅程度の厚めの輪切りにして水気をよくふく。アンチョビとバジルは適当な大きさにちぎる。

2　食パン1枚の上に **1** を順に重ね（写真**1**）、もう1枚のパンを重ねて上から手のひらでしっかり押さえ（写真**2**）、くっつけるようにする。同様にもう一つ作る。200℃のトースターで5分程度焼く。

**MEMO**
食パンは8枚切りを使いましたが、サンドイッチ用など薄いほうが作りやすいです。お好みで。

# モッツァレラチーズ入り牛丼風卵とじ

IV PIATTO DELLA CASA DI CHEF HIDAKA

日高シェフのおうちごはん

### 材料（4人分）
- 牛薄切り肉（しゃぶしゃぶ用）……400g
- モッツァレラチーズ………1個（100g）
- タマネギ…………………………中1個
- 卵……………………………………3個
- トマト………………………………2個
- 温かいご飯………………………丼4杯分
- オリーブ油………………………大さじ1
- A 砂糖…………………………大さじ6
- A しょうゆ……………………大さじ4

### 作り方

1. タマネギは半分に切って芯を取り、繊維を断つように1cm幅に切る。トマトは4つ割りにしてから3等分に切る。モッツァレラチーズは水気を切り、手で一口大にちぎる。

2. フライパンにオリーブ油を入れて火にかけ、牛肉を入れてサッと炒める。**A**を加えて絡めるように炒め、色が変わったら肉を取り出す。

3. **2**の汁が残ったフライパンでタマネギを炒め、火が通ったら**2**の肉を戻し入れる。トマトを加え、粗く溶いた卵を回し入れる。

4. モッツァレラチーズを離して加え、フタをして火を止め余熱で溶かす。器にご飯を平らに盛り、上からかける。

> **MEMO**
> 卵もチーズも火を通しすぎないで

## ご飯が進む絶品おかず

　すき焼きのように甘辛くした牛肉とタマネギを、卵でとじて牛丼風にしてみました。砂糖としょうゆの甘じょっぱい味つけが、とろけるモッツァレラチーズに合うんです！　ご飯が進みます。

　ぼくは関西出身（神戸生まれ）なので、肉ジャガには牛肉という「牛肉文化」で育ちました。しゃぶしゃぶ用の薄切り肉がなければ、コマ切れ肉でも構いません。フライパンで最初に焼き、砂糖としょうゆを絡めます。肉はいったん取り出し、残った汁でタマネギを炒めます。

　肉を戻し入れてトマトを加えたら、粗くほぐした卵を回し入れます。卵はあまり溶きすぎないように。黄と白の色が分かれていたほうが、仕上がりが美しいです。手でちぎったモッツァレラをフライパンの中に離しておくように入れ、すぐにフタをして火を止め、余熱で溶かします。

　今回はご飯にのせて牛丼風にしましたが、もちろん別盛りにしてもOK。ガツンと濃い味のおかずです。食べ過ぎにはくれぐれもご注意を！

スープカレー風
チキン
ハンバーグ

## 材料（2人分）

### チキンハンバーグ

| | |
|---|---|
| 鶏ひき肉 | 150g |
| タマネギ | ¼ 個 |
| パン粉 | 10g |
| 卵 | ⅓ 個 |
| 塩 | 小さじ ⅓ |

### スープカレー

| | |
|---|---|
| 鶏手羽元 | 4 本 (200g) |
| ジャガイモ | 1 個 |
| ニンジン | ½ 個 |
| ピーマン | 3 個 |
| タマネギ | ¾ 個 |
| 水またはブイヨン | 500cc |
| 塩 | 適量 |
| コショウ | 適量 |
| カレー粉 | 大さじ 2（10g） |

| | |
|---|---|
| オリーブ油 | 適量 |
| ご飯 | 茶わん 2 杯分 |

## 作り方

1 先にスープカレーを作る。鶏手羽元は塩、コショウ、カレー粉小さじ1と½（3g・分量外）をまぶす。ジャガイモとニンジンは六つ割りに、ピーマンは縦二つに切る。タマネギは大きめのくし切りにする。

2 フライパンにオリーブ油適量を入れて火にかけ、手羽元を焼く。全体に焼き色がついたら1の野菜を順に加え、軽く焼き目がつくまで一緒に焼く。水（またはブイヨン）を加え、野菜が軟らかくなるまで20分ほど煮る。カレー粉を加え塩、コショウで味を調える。

3 2を煮ている間にハンバーグのタマネギをみじん切りにする。フライパンでオリーブ油少々と一緒に弱火でじっくり炒める。粗熱がとれたらボウルにすべての材料を入れて練り混ぜ、2等分にして丸めて形を整える。オリーブ油少々を熱したフライパンに入れ、中火で両面をしっかり焼いて火を通す。

4 皿にご飯と3を盛りつけ、あればレモン（材料外）を添える。2を別の皿によそう。

## 鶏ひき肉ならではの軽めの食感

　鶏ひき肉で作る軽めのチキンハンバーグ、実は好きなんです。でも、これだけだとちょっともの足りない。カレーと一緒に食べたいなと想像を膨らませたレシピです。スープカレーもご紹介しますので、一緒に作ってみてください。

　先にスープカレーを作ります。こちらにも鶏肉を使います。今回はだしが出やすい手羽元を使いました。分量外のカレー粉などをまぶしてフライパンで焼き、同じフライパンで野菜も一緒に焼いていきます。加える順は、火の通りにくいジャガイモ、ニンジンが先。後でピーマンとタマネギを加えます。軽く焦げ目がついたら水（またはブイヨン）を加えて煮ます。

　煮ている間にハンバーグ作りを進めます。みじん切りにしたタマネギをじっくり炒め、粗熱を取ってからひき肉などと一緒によく練り混ぜます。軟らかめのタネを、表面がなめらかになるよう成形します。フライパンの向きを少しずつ変えながら、火の通りにムラができないよう中火でしっかり焼きましょう。

　ご飯とハンバーグを一つの皿に盛りつけ、カレーは別皿によそいます。あればパセリをちらすと彩りもきれいです。

### MEMO

ハンバーグは洋風にも和風にもアレンジできるので、たくさん作ると便利です。スープカレーの野菜は大きめに切るのがコツ。

IV Piatto della casa di chef Hidaka
日高シェフのおうちごはん

# 鶏とマッシュルームのさっぱりトマトカレー

### 材料（2人分）
- 鶏もも肉……………………………1枚
- マッシュルーム……2パック(12個程度)
- タマネギ…………………………½個
- トマト缶（ダイスカット）……1缶(400g)
- カレー粉……………………………大さじ2
- 白ワイン……………………………100cc
- 生クリーム…………………………50cc
- オリーブ油…………………………小さじ2
- 塩……………………………………1つまみ
- ご飯…………………………適量(2皿分)

### 作り方
1. 鶏もも肉は全体に軽く分量外の塩をふっておく。
2. マッシュルームは厚さ1mm程度の薄切りにする。タマネギは繊維に沿って7〜8mm幅に切る。
3. フライパンにオリーブ油小さじ1を入れて中弱火にかけ、**1**の皮目だけを香ばしく焼く（身は焼かない）。5〜6分焼いて一度取り出し、一口大に切る。
4. **3**のフライパンの余分な脂をペーパータオルでふき、残りのオリーブ油を入れて中火にかける。塩を加えて**2**を炒める。しんなりしてきたら**3**を身側を下にして戻し入れる。
5. 白ワインを加え、しっかり煮立たせてアルコール分をとばす。トマトの水煮を加え、15分ほど煮る。カレー粉を加え、さらに5分ほど煮る。
6. 味をみて足りなければ分量外の塩で調整する。生クリームを加えて完成。皿に盛ったご飯にかけ、好みでイタリアンパセリ（材料外）などをあしらう。

## 小麦粉は使わず、さっぱりと

ぼくのイチ推しカレーは、小麦粉を使わずに仕上げるさっぱりしたトマトカレーです。

鶏肉は煮込むとおいしくなるもも肉を使ってください。全体に軽く塩をしておきます。お好みでコショウをふっても構いません。1枚丸ごと焼いてから切ることで、皮は香ばしく、身はジューシーに仕上がります。

カレー粉は香りがとばないように、ひと通り煮た後に加えてください。生クリームはフレッシュ感を残すため、必ず最後に。ご飯はバターライスもよく合います。

---
**MEMO**
焼いた鶏肉をカットするときは、皮目を下にするときれいに切れます。

# ナスとソーセージのソテー オレガノ風味

*IV PIATTO DELLA CASA DI CHEF HIDAKA*
日髙シェフのおうちごはん

### 材料(3人分)
- ナス……………………4個
- ソーセージ……………1袋(5〜6本)
- トマト……………………中1個
- トマト缶(ダイスカット)……½缶(200g)
- ニンニク(みじん切り)………1かけ分
- オリーブ油………………………大さじ3
- オレガノ(ドライ)………………大さじ1
- 塩…………………………………少々

### 作り方
1. ナスはヘタを取り、トマトはできれば湯むきして、いずれも一口大に切る。ソーセージは斜め半分に切る。
2. 深めのフライパンにオリーブ油大さじ2を入れて火にかけ、ナスを加えて塩をふり、しんなりするまで炒める。
3. 2のフライパンの端に残りのオリーブ油とニンニクを加える。香りが立ったらオレガノを加え、ナスと合わせる。缶のトマト、1のトマトの順に加えて火を通す。
4. 3にソーセージを加えて温め、汁気が少なくなったら味をみて塩(分量外)やコショウ(材料外)などで味を調える。器に盛り、あればパセリ(材料外)をちらす。

> **MEMO**
> フライパンを持ち上げて、あおらないで！ しっかり加熱することができません。

## オレガノで風味アップ

　忙しいと、焼いて食卓に出すだけになりがちな市販のソーセージ。たまには「ちゃんとしたおかず」に格上げしてみませんか。ナスやトマトと一緒に炒め、ドライオレガノで風味づけしてみました。

　ナスは、水分が少なく実がしっかりしていて、丸い形のものを選びます。米ナスや賀茂なすが向いています。手に入ったら使ってみてください。だいたい一口大、2cm角くらいになるように切ります。トマトはできれば湯むきして一口大に切ります。種は取らなくて大丈夫です。

　炒めるのはナスから。しんなりしたら端に寄せ、オリーブ油とニンニク、オレガノを加えてナスと合わせます。トマトを加えるのはその後です。

　炒めるときのコツはフライパンは火から離さず、木ベラを動かしながら強火で具材に火を通すこと。ソーセージは最後に加えます。味を調えるのは塩、コショウなどで。もっとオレガノの風味を利かせたいときは、増量してもOKです。

119

# 玄米と納豆の ヨーグルト サラダ丼

### 腸活にぴったり！

　腸内環境を整える「腸活」がブームですね。ぼくもほぼ毎日、納豆を食べています。もっと腸に「効く」食事にしたくて、玄米やヨーグルトを合わせてサラダ仕立てのレシピを考えました。納豆入り玄米ご飯の食感とヨーグルトの組み合わせは、想像するより違和感なく、イケるんです。

　納豆は付属のカラシやタレも使います。粒の大きさは小粒やひきわりが食べやすくておすすめ。糸が引くまでよく混ぜてから玄米ご飯と合わせます。プレーンヨーグルトは水切りをせずに加えます。こちらは塩だけでシンプルに。

　トマトとアボカドはそれぞれ塩で味つけしてからワインビネガーと合わせ、しっかりなじませます。食物繊維が豊富なアーモンドも砕いて加えましょう。この具材を玄米ご飯の上にトッピングすればできあがり。玄米ご飯と別々に味つけするので、味にメリハリが出ます。朝食にもピッタリですのでぜひお試しください。

### 材料（2人分）

| | |
|---|---|
| 納豆（小粒） | 2パック |
| 玄米ご飯 | 茶わん2杯分 |
| プレーンヨーグルト | 200g |
| トマト | 中1個 |
| アボカド | 1個 |
| ローストアーモンド（砕いたもの） | 大さじ2 |
| 赤ワインビネガー | 大さじ1 |
| 塩 | 4つまみ |

### 作り方

**1** トマトはヘタをとって縦半分に切り、一口大に切って塩1つまみをふる。アボカドは皮をむき、縦半分に切ってから種を除いて幅1cmの薄切りにし、塩1つまみをふる。ボウルにトマトとアボカドを合わせ、赤ワインビネガーとアーモンドを加えてあえる（写真**1**）。

**2** 別のボウルに納豆を入れ、付属のカラシやタレも加えて菜箸で糸を引くまでよく混ぜる。

**3 2**に玄米ご飯を加え木ベラで混ぜる。プレーンヨーグルトを水切りせずに加えてさらに混ぜ、残りの塩を加えて味を調える。

**4** 器に**3**を盛りつけ、上から**1**をのせる。

### MEMO
お好みでさらに酢を回しかけてもOK。

# V

## DOLCE

ドルチェ

## ティラミス
### 軽やかでリッチな味わい

イタリアの代表的なドルチェ（スイーツ）で、日本でも人気の高いティラミスに挑戦してみませんか？ 家庭で作りやすいようアレンジしたレシピをご紹介します。

マスカルポーネを軟らかくし、ザバイオーネ（洋酒を利かせたクリーム）や生クリーム、メレンゲを別々に作り、合わせていきます。

材料のうち、エスプレッソコーヒーはインスタントコーヒーを濃いめに溶いて代用してもOK。ザバイオーネに使うマルサラ酒は白ワインでも大丈夫です。お子さんやアルコールを避けたい人は同量の牛乳を使ってください。器の底に敷くフィンガービスケットもカステラやスポンジなどにアレンジして構いません。

冷蔵庫で冷やすと味がなじんでさらにおいしくなります。やや手間はかかりますが「家でこんなティラミスが作れるなんて」と感動すること間違いなし！

### MEMO
器のサイズはお好みでOK。小さな器に盛りつけてもいいですし、大きな器でまとめて作って取り分けながらいただくのも楽しいです。

### 材料（4～5人分）
- マスカルポーネチーズ……………………………250g
- エスプレッソコーヒー…………………100～150g
- 生クリーム……………………………………100cc
- フィンガービスケット…………………………適量
- ココアパウダー…………………………………適量
- A
  - 卵黄……………………………………………2個分
  - グラニュー糖……………………………………50g
  - マルサラ酒（白ワインでも代用可）…………60cc
- B
  - 卵白……………………………………………2個分
  - グラニュー糖……………………………………20g

### 作り方

1 マスカルポーネチーズはボウルに入れ、常温において軟らかくしておく。

2 ザバイオーネを作る。ボウルに**A**の卵黄とグラニュー糖を先に入れ、泡立て器で白っぽくなるまで混ぜ、マルサラ酒を加える。大きめの鍋で湯を沸騰寸前まで温め、ボウルの底を湯につけて湯煎する。沸騰しないよう火加減を調整しながら、泡立て器で手早く混ぜる。ふちから固まってくるので落としながら混ぜ、全体がもったりと重くなったらボウルを鍋から外す。

3 **2**の粗熱が取れ室温くらいになったら**1**に加え、泡立て器で混ぜる。

4 ボウルを二つ用意し、一つで生クリームを泡立てる。もう一つには**B**を入れ、泡立て器を使ってメレンゲを作る。両方とも角が立つまでしっかり泡立てる。

5 **3**に**4**の生クリーム、メレンゲの順に加え、ゴムベラで混ぜる。

6 ビスケットにエスプレッソをしみこませる。

7 器の底に**6**の半量を敷き、**5**を深さの半分程度入れてから器を軽くトントンと落として中の空気を抜く。平らにした表面に残りの**6**を敷き（P124 上）、上から残りの**5**をのせて（P124 下）、最後にココアパウダーをふりかける。

# おばあちゃんのチョコレートケーキ

## トスカーナの思い出の味

　30年以上前、イタリア・トスカーナ州の山奥のレストランで、パティシエのおばあちゃんに教わった思い出のチョコレートケーキをご紹介します。

　上手に作る一番のコツはメレンゲを泡立てすぎないこと。ガトーショコラは普通、卵白をしっかりと角が立つまで泡立てて作りますが、今回はそこまでせず、泡立て器で持ち上げたときに白い泡がサラッと流れる程度、4分立てから5分立て程度でOK。これでしっとりと、なめらかな口当たりに仕上がります。

　チョコの生地にメレンゲを加えるときは、まず1/3程度を混ぜてから残りを加える、という具合に2回に分けるとよいでしょう。木べらを使って泡がつぶれないようサッと混ぜます。

　あとは型に流し入れてオーブンで焼くだけ。竹串を刺して生地がポロポロしていれば焼き上がり。冷やしてからホイップクリームをかけ、お召し上がりください。

### 材料（直径18cmの丸型1台分）

- 製菓用チョコレート（セミスイート）……130g
- 無塩バター（なければ有塩でも可）……40g
- グラニュー糖……70g
- 卵……2個
- 薄力粉……25g
- 生クリーム……50cc
- 粉糖……適量

### 作り方

1. 型の内側にバター（分量外）を塗り、薄力粉（同）をふる。余分な粉ははたいて落とす。オーブンは180℃に予熱する。卵は卵黄と卵白に分けておく。
2. チョコレートを粗く刻んでボウルに入れ、湯煎で溶かす。バターとグラニュー糖を加えて、木べらで混ぜて溶かす。少し冷ましたら卵黄を加えてさっくり混ぜ、薄力粉をふるい入れて木べらで手早く混ぜる。
3. 別のボウルに卵白を入れて泡立て器で4分立て程度（泡立て器で持ち上げたときに泡がサラッと流れるくらい）に泡立て、2回に分けて **2** に加える。木べらを使い、泡をつぶさないようにサッと混ぜる。
4. **3** を型に流し入れ、オーブンで20分ほど焼く。竹串を中央に刺してみて、ドロッとした生地がついてこなければ焼き上がり。粗熱を取り、冷蔵庫で冷やす。
5. 生クリームとグラニュー糖5g（分量外）をボウルで泡立て、ホイップクリームを作る。粉糖とあればミントの葉（材料外）で飾った **4** に添え、いただく。

---

**MEMO**
作った当日もおいしいですが、ひと晩おくと粉がなじんでよりしっとりします。

# お手軽リンゴソテー

V DOLCE / ドルチェ

### 材料（2人分）
- リンゴ（あれば紅玉）･･････････2個
- グラニュー糖･･････････････････30g
- バター････････････････････････40g
- レーズン･･････････････････････20g
- ラム酒････････････････････････80cc
- シナモンパウダー････････････････少々
- バニラアイスクリーム････････････適量

### 作り方

1. リンゴは8等分のくし切りにして芯を除き、半量は皮をむく。
2. フライパンにバターを熱し、**1**を入れて強火で炒める。しんなりしたらレーズンとグラニュー糖を加え、レーズンが軟らかくなり、グラニュー糖が軽く色づくまでさらに炒め続ける。いったん火を止めてからラム酒を加え、再び火にかけて煮立たせてアルコール分をとばす。火が上がるので注意する（写真**1**）。
3. 器に盛り付け、シナモンパウダーをふる。上にバニラアイスを飾る。

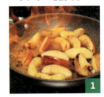

## 温かいリンゴとアイスとの組み合わせが最高！

旬のリンゴを使ったスイーツです。リンゴは酸味のある紅玉がおすすめですが、手に入るもので構いません。くし切りにして芯を取ります。見た目や食感に変化がつけられるよう、半量は皮をむかずに残しておきます。

バターを熱したフライパンでリンゴをソテーします。水分をとばすようなつもりで強火で炒めます。ちょっと焦げ色がつくようにしてもいいですね。

ラム酒を加え、アルコール分をとばすときは、火が上がることがあるのでお気をつけください。お酒が好きな方はブランデー、ウイスキーなどでもOK。お子さん向けならリンゴジュースに代えて、さらに煮詰めます。

ソテーしたリンゴには、「ティラミス」（P125）で紹介したザバイオーネがよく合います。でも今回は市販のバニラアイスクリームを添えましょう。温かいリンゴとアイスの組み合わせは最高ですよ。

> **MEMO**
> レーズンはドライのままで大丈夫です。ラム酒に漬けておくと、よりおいしくできます。

127

## 日髙良実 （ひだかよしみ）

1957年、兵庫県神戸市生まれ。「リストランテ アクアパッツァ」オーナーシェフ。日本の食材を生かした独自のイタリアンを提案する一方、日本の伝統食材のプロデュース、全国の生産者や地域食材を活性化するための活動も行っている。日本のイタリア料理界を牽引するシェフとして活躍。2020年にYouTube『日高良実のACQUA PAZZAチャンネル』をスタート。22年、厚生労働省「現代の名工」受賞。著書に『教えて日高シェフ! 最強イタリアンの教科書「日高良実のACQUA PAZZAチャンネル」公式レシピBOOK』『アクアパッツァ流 イタリアンを極める 日高シェフのおいしい理由』など。

[初出] 本書は「往復食簡」（「毎日新聞」2023年1月8日から2024年12月22日掲載）に
新たなレシピを加え、加筆再構成しました。

[スタッフ]

| | |
|---|---|
| コーディネイト | 色井香 (g-chef) |
| スタイリング | 八木佳奈 |

[連載]

毎日新聞
瀬尾忠義、江畑佳明、銅山智子、山崎明子、榊真理子
尾籠章裕（撮影）、大井美咲（デザイン）

[書籍]

| | |
|---|---|
| カバーデザイン・アートディレクション | 坂川朱音（朱猫堂） |
| 編集 | 藤江千恵子（毎日新聞出版） |
| 撮影 | タカハシトミユキ（P6〜12,48〜53,82〜90,92〜95） |
| 撮影アシスタント | 佐藤萌 |
| | 特に表記のないものは毎日新聞社 |

日曜日の台所（にちようび だいどころ）
# アクアパッツァ・日髙良実シェフのごちそうイタリアン（ひだかよしみ）

| | |
|---|---|
| 印刷 | 2025年3月20日 |
| 発行 | 2025年4月5日 |

| | |
|---|---|
| 著者 | 日髙 良実（ひだかよしみ） |
| 発行人 | 山本修司 |
| 発行所 | 毎日新聞出版 |
| | 〒102-0074 東京都千代田区九段南1-6-17 千代田会館5階 |
| | 営業本部　　03-6265-6941 |
| | 図書編集部　03-6265-6745 |

印刷・製本 中央精版印刷

乱丁・落丁本はお取り替えします。
本書のコピー、スキャン、デジタル化等の無断複製は著作権法上での例外を除き禁じられています。本書の著作権は執筆者に帰属します。転載を希望される場合は筆者の許可が必要となりますので、弊社にご連絡ください。

©Yoshimi HIDAKA 2025, Printed in Japan
ISBN978-4-620-32830-0